西方生命美学经典名著导读丛书

潘知常
主编

生命与形式

齐美尔《生命直观》导读

杨向荣 著

江苏凤凰文艺出版社

图书在版编目（CIP）数据

生命与形式：齐美尔《生命直观》导读 / 杨向荣著
.—南京：江苏凤凰文艺出版社，2022.3（2023.10 重印）
（西方生命美学经典名著导读丛书）
ISBN 978-7-5594-6377-7

Ⅰ.①生… Ⅱ.①杨… Ⅲ.①生命哲学—研究 Ⅳ.
B083

中国版本图书馆 CIP 数据核字（2021）第 231450 号

生命与形式：齐美尔《生命直观》导读
杨向荣　著

出 版 人	张在健
责任编辑	袁　昕　孙金荣
责任印制	刘　巍
出版发行	江苏凤凰文艺出版社
	南京市中央路 165 号，邮编：210009
网　　址	http://www.jswenyi.com
印　　刷	苏州市越洋印刷有限公司
开　　本	787 毫米×1092 毫米　1/32
印　　张	8
字　　数	140 千字
版　　次	2022 年 3 月第 1 版
印　　次	2023 年 10 月第 2 次印刷
书　　号	ISBN 978-7-5594-6377-7
定　　价	45.00 元

江苏凤凰文艺版图书凡印刷、装订错误，可向出版社调换，联系电话 025-83280257

"生命为体，中西为用"

——"西方生命美学经典名著导读丛书"序言

潘知常

众所周知，中国当代的生命美学是改革开放四十年中较早破土而出的美学新探索。从1985年开始，迄今已经是第三十六年，已经问世三分之一世纪。

但是，中国当代的生命美学却并不是天外来客、横空出世。我多次说过，在这方面，中国20世纪初年从王国维起步的包括鲁迅、宗白华、方东美、朱光潜在内的生命美学探索堪称最早的开拓，源远流长的中国古代美学则当属源头。同时，它与西方19世纪上半期到20世纪上半期出现的生命美学思潮，更无疑心有灵犀。遗憾的是，这一切却很少有学人去认真考察。例如，李泽厚先生就是几十年一贯制地开口闭口都把生命美学的"生命"贬为"动物的生命"。而且，作为中国当代最为著名的美学大家，后期的他尽管一直生活在美国，不屑于了解中国自古迄今的生命美学也就罢了，但是对于西方的生命美学也始终不屑去了解,实在令人惊叹。当然,这也并非孤例,例如,德国学者费迪南·费尔曼就发现:"就是在今天,生命哲学对许多人来说仍然是十分可疑的现象;最常听到的批判是生命哲学破坏理性,是非理性主义和早期法西斯主义。"①为此,他更不无痛心地警示:"如果到现在还有人这么想问题,应该说是故意抬高了精神的敌人。"②

一般而言,在西方,对于生命美学的提倡,最早的源头,也许可以追溯到奥古斯丁的《忏悔录》。而在18世纪下半叶,德国浪漫主义美学家奥古斯特·施莱格尔和弗里德里希·施莱格尔兄弟在《关于文学与艺术》和《关于诗的谈话》中则都已经用过"生命哲学"这个概念。而且,小施莱格尔在他的《关于生命哲学的三次讲演》中也提到了生命哲学。当然,按照西方美学史上的通用说法,在西方,到了19世纪上半期,生命美学才开始破土而出。不过,有人仅仅把西方的生命美学称为一个学派,其中包括狄尔泰、齐美尔、柏格森、奥伊肯、怀特海等人,或者,再加上叔本华和尼采。我的意见则完全不然。在我看来,与其把西方生命美学看作一个严格意义上的学派,不如把它看作一个宽泛意义上的思潮。这是因为,在形形色色的西方各家各派里,某些明确提及生命美

---

① [德]费迪南·费尔曼:《生命哲学》,李健鸣译,华夏出版社2002年版,第2页。
② [德]费迪南·费尔曼:《生命哲学》,李健鸣译,华夏出版社2002年版,第2页。

学的美学，其实也并不一定完全具备生命美学的根本特征，而有些并没有明确提及生命美学的美学，却恰恰完全具备了生命美学的根本特征。

这是因为，西方美学，到尼采为止，一共出现过三种美学追问方式：神性的、理性的和生命（感性）的。也就是说，西方曾经借助了三个角度追问审美与艺术的奥秘：以"神性"为视界、以"理性"为视界以及以"生命"为视界。正是从尼采开始，以"神性"为视界的美学终结了，以"理性"为视界的美学也终结了，而以"生命"为视界的美学则正式开始了。具体来说，在美学研究中，过去"至善目的"与神学目的都是理所当然的终点，道德神学与神学道德，以及理性主义的目的论与宗教神学的目的论则是其中的思想轨迹。美学家的工作，就是先以此为基础去解释生存的合理性，然后，再把审美与艺术作为这种解释的附庸，并且规范在神性世界、理性世界内，并赋予其不无屈辱的合法地位。理所当然的，是神学本质或者伦理本质牢牢地规范着审美与艺术的本质。显然，这都是一些神性思维或者"理性思维的英雄们"，当然，也正如叔本华这个诚实的欧洲大男孩慨叹的："最优秀的思想家在这块礁石上垮掉了。"[1]然而，尼采却完全不同。正如巴雷特发现：

---

[1] ［德］叔本华：《自然界中的意志》，任立等译，商务印书馆1997年版，第146页。

"既然诸神已经死去,人就走向了成熟的第一步。""人必须活着而不需要任何宗教的或形而上学的安慰。假若人类的命运肯定要成为无神的,那么,他尼采一定会被选为预言家,成为有勇气的不可缺少的榜样。"[①]尼采指出:审美和艺术的理由再也不能在审美和艺术之外去寻找。这也就是说,神性与理性,过去都曾经一度作为审美与艺术得以存在的理由,可是现在不同了,尼采毅然决然地回到了审美与艺术本身,从审美与艺术本身去解释审美与艺术的合理性,并且把审美与艺术本身作为生命本身,或者,把生命本身看作审美与艺术本身,结论是:真正的审美与艺术就是生命本身。人之为人,以审美与艺术作为生存方式。"生命即审美","审美即生命"。也因此,审美和艺术不需要外在的理由——我说得犀利一点,并且也不需要实践的理由。审美就是审美的理由,艺术就是艺术的理由,犹如生命就是生命的理由。

于是,西方美学家们终于发现:天地人生,审美为大。审美与艺术,就是生命的必然与必需。在审美与艺术中,人类享受了生命,也生成了生命。这样一来,审美活动与生命自身的自组织、自协同的深层关系就被第一次发现了。因此,理所当然的是,传统的从神性、理性去解释审美与艺术的角

---

① [美]巴雷特:《非理性的人》,杨照明等译,商务印书馆1999年版,第183页。

度,也就被置换为从生命的角度。在这里,对于审美与艺术之谜的解答同时就是对于人的生命之谜的解答的觉察,回到生命也就是回到审美与艺术。生命因此而重建,美学也因此而重建。生命,是美学研究的"阿基米德点",是美学研究的"哥德巴赫猜想",也是美学研究的"金手指"。从生命出发,就有美学;不从生命出发,就没有美学。它意味着生命之为生命,其实也就是自鼓励、自反馈、自组织、自协同而已,不存在神性的遥控,也不存在理性的制约。美学之为美学,则无非是从生命的自鼓励、自反馈、自组织、自协同入手,为审美与艺术提供答案,也为生命本身提供答案。也许,这就是齐美尔为什么要以"生命"作为核心观念,去概括19世纪末以来的思想演进的深意:"在古希腊古典主义者看来,核心观念就是存在的观念,中世纪基督教取而代之,直接把上帝的概念作为全部现实的源泉和目的,文艺复兴以来,这种地位逐渐为自然的概念所占据,17世纪围绕着自然建立起了自己的观念,这在当时实际上是唯一有效的观念。直到这个时代的末期,自我、灵魂的个性才作为一个新的核心观念而出现。不管19世纪的理性主义运动多么丰富多彩,也还是没有发展出一种综合的核心概念。只是到了这个世纪的末叶,一个新的概念才出现:生命的概念被提高到了中心地位,其中关于实在的观念已经同形而上学、心理学、伦理学和美学价值联系起来了。"①

波普尔说过:"我们之中的大多数人不了解在知识前沿发生了什么。"②同样,在我看来,"我们之中的大多数人"也不了解在当代美学研究"知识前沿发生了什么"。可是,倘若从生命美学思潮着眼,却不难发现,在"尼采以后",西方美学始终都在沿袭着"生命"这一主旋律。例如,柏格森、狄尔泰、怀特海等是把美学从生命拓展得更加"顶天";弗洛伊德、荣格等是把美学从生命拓展得更加"立地";海德格尔、萨特、舍勒等是把美学从生命拓展得更加"内向";马尔库塞、阿多诺等是把美学从生命拓展得更加"外向";后现代主义的美学则是把美学从生命拓展得更加"身体"。而且,其中还一以贯之了共同的东西,这就是:从生命存在本身出发而不是从理性或者神性出发去阐释生命存在的意义,并且以审美与艺术作为生命存在的最高境界;或者,把生命还原为审美与艺术,并且进而在此基础上追问生命存在的意义。而在他们之后,诸如贝尔的艺术论、新批评的文本理论、完形心理学美学、卡西尔和苏珊·朗格的符号美学……也都无法离开这一主旋律。而且,正是因为对于这一主旋律的发现才导致了对于审美活

---

① [德]西美尔(齐美尔):《现代文化的冲突》,引自刘小枫编:《现代性中的审美精神》,学林出版社1997年版,第418—419页。
② [英]波普尔:《客观知识》,舒炜光等译,上海译文出版社1987年版,第102页。

动的全新内涵的发现,尤其是对于审美活动的独立性内涵的发现。不可想象,倘若没有这一主旋律的发现,艺术的、形式的发现会从何而来。例如,从美术的角度考察的"有意味的形式",从文学的角度考察的新批评,从形式的表现属性的角度考察的格式塔,从广义的角度即抽象美感与抽象对象考察的符号学美学……

再回看中国。自古以来,儒家有"爱生",道家有"养生",墨家有"利生",佛家有"护生",这是为人们所熟知的。牟宗三在《中国哲学的特质》一书中也指出:"中国哲学以'生命'为中心。儒道两家是中国所固有的。后来加上佛教,亦还是如此。儒释道三教是讲中国哲学所必须首先注意与了解的。二千多年来的发展,中国文化生命的最高层心灵,都是集中在这里表现。对于这方面没有兴趣,便不必讲中国哲学。对于以'生命'为中心的学问没有相应的心灵,当然亦不会了解中国哲学。"也因此,一种有机论的而不是机械论的生命观、非决定论的而不是决定论的生命观,就成为中国人的必然选择。在其中,存在着的是以生命为美,是向美而生,也是因美而在。在中国是没有创世神话的,无非是宇宙天地与人的"块然自生"。一方面,是天地自然生天生地生物的一种自生成、自组织能力,所谓"万类霜天竞自由",另一方面,也是人类对于天地自然生天生地生物的一种自生成、自组织能力的自觉,也就是能够以"仁"为"天地万物之心"。而且,这自觉是在生生世世、永生永远以及有前生、今生、来生看到的万事万物的生生不已与逝逝不已所萌发的"继之者善也,成之者性也""参天地、赞化育"的生命责任,并且不辞以践行这一责任为"仁爱",为终生之旨归,为最高的善,为"天地大美"。这就是所谓"一阴一阳之谓道"。重要的不是"人化自然"的"我生",而是生态平衡的"共生",是"阴阳相生""天地与我并生,而万物与我为一",是敬畏自然、呵护自然,是守于自由而让他物自由。《论语》有言:"子罕言利,与命与仁"。在此,我们也可以变通一下:罕言利,与"生"与"仁"。在中国,宇宙天地与人融合统会为了一个巨大的生命有机体。而天人之所以可以合一,则是因为"生"与"仁"在背后遥相呼应。而且,"生"必然包含着"仁"。生即仁,仁即生。

由此不难想到,海德格尔晚年在回首自己的毕生工作时,曾经简明扼要地总结说:"主要就只是诠释西方哲学。"确实,这就是海德格尔。尽管他是从对西方哲学提出根本疑问来开始自己的独创性的工作的,然而,他的可贵却并不在于推翻了西方哲学,而是恰恰在于以之作为一种极为丰富的精神资源,从而重新阐释西方哲学、复活西方哲学,并且赋予西方哲学以新的生命。显然,中国美学,也同样期待着"诠释"。作为一个内蕴丰富的文本(不只是文献),事实上,中国美学也是一种极为丰富的精神资源,不但千百年来从未枯竭,而且越开掘就越丰富。因此,越是能够回到中国美学的历史源头,就越是能够进入人类的当代世界;越是能够深入中国美学之中,也就越是能够切近20世纪的美学心灵。这样,不难看到,重新阐释中国美学,复活中国美学,并且赋予中国美学以新的生命,或者说,"主要就只是诠释中国美学",无疑也应成为从20世纪初年出发的几代美学学者的根本追求,其重大意义与学术价值,显然无论怎样估价也不会过高。

然而,中国美学的现代诠释,也有其特定的阐释背景。经过百年来的艰难探索,美学学者应该说已经取得了一个共识,这就是:中国美学的历史实际上是一部与后人不断"对话"的历史,一部永无终结的被再"阐释"、再"释义"和再"赋义"的历史。而20世纪的一代又一代的美学学人的"不幸"与"大幸"却又都恰恰在于:西方生命美学思潮的作为诠释背景的出现。一方面,我们已经无法在无视西方生命美学思潮这一诠释背景的前提下与中国美学传统对话,这是我们的"不幸";然而另一方面,我们却又有可能在西方生命美学思潮的诠释背景下与中国美学进行新的对话,有可能通过西方生命美学思潮对中国美学进行再"阐释"、再"释义"和再"赋义"(当然也可以通过中国美学对西方生命美学思潮进行再"阐释"、再"释义"和再"赋义"),从而把中国美学在过去的阐释背景中所无法显现出来的那些新性质充分显现出来,最终围绕着把中国美学与西方美学都共同带入富有成果的相互启发之中这一神圣目标,使中国美学从蒙蔽走向澄明,走向意义彰显和自我启迪,并且使其自身不断向未来敞开,达到古今中外的"视界融合",从而把握今天的时代问题,解释人类的当代世界,这,又是我们的"大幸"!

由此出发,回顾20世纪,其中以西方生命美学思潮作为参照背景对中国美学予以现代诠释,应该说,就是一个最为值得关注而且颇值大力开拓的思路。何况,从王国维到鲁迅、宗白华、方东美,再到当代的众多学人,无疑也都走在这样一条思想的道路之上。他们都是从生命存在本身出发而不是从理性或者神性出发去阐释生命存在的意义,并且以审美与艺术作为生命存在的最高境界;或者,都是把生命还原为审美与艺术,并且进而在此基础上追问生命存在的意义。也因此,他们也都是不约而同地一方面立足于中国古代的生命美学,一方面从西方的生命美学思潮起步。至于朱光潜,在晚年时则曾经公开痛悔,因为他的起步本来就是从叔本华、尼采开始的,但是,后来却因为胆怯,于是才转向了克罗齐。由此,我甚至愿意设想,以朱先生的天赋与造诣,如果始终坚持一开始的选择,不是悄然退却,而是持续从叔本华、尼采奋力开拓,他的美学成就无疑应该会更大。

换言之,"后世相知或有缘"(陈寅恪),"生命为体,中西为用",在中国当代美学的历史抉择中,也就理所当然地成了一条首先亟待考虑的康庄大道。西方生命美学思潮,是西方美学传统的终点,又是西方现代美学的真正起点,既代表着对西方美学传统的彻底反叛,又代表着对中国美学传统的历史回应,这显然就为中西美学间的历史性的邂逅提供了一个契机。抓住这样一个契机——中国美学在新世纪获得新生的一个契机,无疑有助于我们真正理解西方美学传统,也无疑有助于我们真正理解中国美学传统,更无疑有助于我们真正地实现中西美学之间的对话,从而在对话中重建中国美学传统。同时,之所以提出这一课题,还无疑是有鉴于一种对于学术研究自身的深刻反省。学术研究之为学术研究,重要的不仅仅在于要有所为,而且更在于要有所不为。每个时代、每个人都面对着历史的机遇,但是同时也面对着历史的局限,因此,也就都只能执"一管以窥天"。这样,重要的就不是"包打天下",而是敏捷地寻找到自己所最为擅长的"一管",当然也是最为重要的"一管"。西方生命美学思潮的作为阐释背景的出现,应该说,就是这样的"一管"(尽管,这或许是前一百年无法去执而后一百年也许就不必再去执的"一管"),也是我们在跨入新世纪之后所亟待关注的"一管"。这就犹如中国人接受佛教思想的影响,犹如吃了一顿美餐,而且这顿美餐被中国人竟然吃了一千多年之久。其中,最为重要的成果则是佛教思想中的大乘中观学说在中国开出的华严、天台、禅宗等美丽的思想之花。因此,在比拟的意义上,我们甚至可以说,西方生命美学思潮就正是当代的大乘中观学说,也正是悟入中国思想与西方思想之津梁。

这样一来,对于西方生命美学思潮的深入了解,也就成了当务之急。而且,"生命为体,中西为用",进而言之,中国生命美学传统与西方生命美学思潮之间的对话,在我看来,起码就包括三个层面。首先是对于西方生命美学思潮与中国生命美学传统之间的内在的交汇、融合、沟通加以历史的考察,亟待说明的是:在明显不同的社会历史、文化传统、思想历程中,西方生命美学思潮何以呈现出与中国生命美学传统的某种极为深刻的内在的交汇、融合、沟通?其次是对于西方生命美学思潮与中国生命美学传统之间的内在的交汇、融合、沟通加以比较的研究,从而把中国生命美学传统与西方生命美学思潮各自在过去的阐释背景中所无法显现出来的那些新性质充分显现出来,做到:借异质的反照以识其本相,并彰显其独特之处。最后是对于西方生命美学思潮与中国生命美学传统之间的内在的交汇、融合、沟通加以理论的考察,并由此入手,去寻求中西美学会通的新的可能性和新的道路,从而深化对于中国美学和西方美学的理解,达到古今中外的"视界融合",以把握今天的时代问题,解释我们的世界,为解决当代美学所面临的共同问题做出独特贡献。

"西方生命美学经典名著导读丛书"的出版之初衷也正是如此!

中国生命美学传统与西方生命美学思潮之间的对话无疑是一个大工程，非一日之功，也不可能毕其功于一役。为此，作为基础性的工程，我们所选择的第一步，是出版"西方生命美学经典名著导读丛书"。这是因为，只有经典名著，才是美学研究中的"热核反应堆"，也只有经典名著的学习，才是美学研究中的硬功夫。这就正如费尔巴哈所说：人就是他吃的东西。因此，每个人明天所成为的，其实也就是他今天所吃下的。也犹如布罗姆所说：莎士比亚与经典一起塑造了我们。借助经典名著，中国的美学与西方美学也在一起塑造着我们。它们凝聚而成了我们的美学家谱与心灵密码。在此意义上，任何一个美学学人都只有进入经典名著，才有机会真正生活在历史里，历史也才真正存在于我们的生活里，未来也才向我们走来。

我们的具体的做法，则是选取西方的二十位与西方的生命美学思潮直接相关的著名美学家的经典名著，再聘请国内的二十位对于相关的名家名著素有研究的美学专家，为每一部经典名著都精心撰写一部学术性的导读。我们期待，这些美学专家的"导读"，能够还原其中的所思所想、原汁原味，能够呈现其中的深度、厚度、广度和温度，并且希望能够跟读者一起去关注这些西方的生命美学经典名著怎样提出问题（美学的根本视界，所谓美学的根本规定）、怎样思考问题（美学的思维模式，所谓美学的心理规定）、怎样规定问题（美学的特定范式,所谓美学的逻辑规定)、怎样解决问题(美学的学科形态,所谓美学的构成规定),也希望能够跟读者一起去关注这些西方的生命美学经典名著是如何去表述自己的问题、如何去论证自己的思考,乃至其中的论证理由是否得当、论证结构是否合理,当然,也还希望跟读者一起去关注这些西方的生命美学经典名著中所蕴含的思想与创见,以及这些思想与创见的价值在当今安在。从而,推动着我们当代的生命美学研究能够真正将自己的思考汇入到人类智慧之流,并且能够做出自己的真正的独创。毕竟,就这些生命美学经典名著本身而言,它们都是所谓的问题之书,也是亘古以来的生命省察的继续。也许,在它们问世和思想的年代,属于它们的时代可能还没有到来。它们杀死了上帝,但却并非恶魔;它们阻击了理性,但也并非另类。它们都是偶像破坏者,但是破坏的目的却并不是希图让自己成为新的偶像。它们无非当时的最最真实的思想,也无非新时代的早产儿。它们给西方传统美学带来的,是前所未有的战栗。在它们看来,敌视生命的西方传统美学已经把生命的源头弄脏了,恢复美学曾经失去了的生命,正是它们的天命。也因此,我们或许可以恰如其分地称它们为:现代美学的真正的诞生地和秘密。在上帝与理性之后,再也没有了救世主,人类将如何自救?既然不再以上帝为本,也不再以理性为本,以人为本的美学也就势必登场。这意味着从"理性的批判"到"文化的批判",

也从"纯粹理性批判"到"纯粹非理性批判",显然,这些生命美学经典名著提供的就是这样的一种全新的美学,它们推动着我们去重新构架我们的生命准则,也推动着我们去重新定义我们的审美与艺术。

需要说明的是,长期以来,我们的西方美学研究往往是教材式的、通论式的、概论式的,当然,这对于亟待了解西方美学发展进程的中国当代美学学人来说,也是必要的,但是,其中也难免存在着"几滴牛奶加一杯清水"或者三分材料加七分臆测的困境,更每每事先就潜存着"预设的结论",更不要说那种"狗熊掰棒子,掰一个丢一个"的研究路数或者那种为研究而研究、为课题而研究的研究路数了,那其实已经是学界之耻。至于其中的根本病症,则在于忘记了或者根本就不知道西方美学研究首先要去做的必须是"依语以明义",然后,才能够"依义不依语",也因此,长期以来,我们的西方美学研究往往进入不了美学基本理论研究的视野,也无法为美学基本理论研究提供应有的支持。因为我们的西方美学研究与我们的美学基本理论研究基本上就是完全不相关的两张皮,也是两股道上跑的车。这一点,在长期的美学基本理论研究工作中,我有着深刻的体会。值得期待的是,从西方生命美学思潮的经典名著本身的阅读、研读、精读开始,而不是从关于西方生命美学思潮的经典名著的种种通论、概论开始,从"依语以明义"开始,而不是从"依义不依语"开始,也许是一个令人欣慰的尝试。维特根斯坦曾经提示我们:"我发现,在探讨哲理时不断变换姿势很重要,这样可以避免一只脚因站立太久而僵硬。"在此,我们也可以把它作为在美学研究中"不断变换姿势很重要"的一次努力,也作为意在"避免一只脚因站立太久而僵硬"的一次努力。

"生命为体,中西为用"!在未来的中国当代美学探索中,请允许我们谨以"西方生命美学经典名著导读丛书"的出版去致敬中国当代美学的未来!

是为序!

2021.6.14,端午节,南京卧龙湖,明庐

目 录

齐美尔其人其像 …………………………………… 1

齐美尔社会学美学思想管窥 ……………………… 16

《生命直观》导读 ………………………………… 88

 第一章 生命之超验 ……………………………… 88

 第二章 转向理念 ………………………………… 122

 第三章 死亡与不朽 ……………………………… 164

 第四章 个体法则 ………………………………… 186

齐美尔简略年谱 …………………………………… 226

参考文献 …………………………………………… 229

齐美尔其人其像

格奥尔格·齐美尔(Georg Simmel,1858—1918,又译为西美尔或席美尔,本书统一译为齐美尔)是德国思想史上的一个巨人,著名社会学家、生命哲学家和美学家。1881年,齐美尔完成博士论文《根据康德的物质单子论看物质的本质》,获得德国柏林大学哲学博士学位,并于1884年获得教授资格。但由于他的犹太人身份,加之他对学术传统的挑战,直到1901年才被聘为副教授,那时他已出版6本著作,发表70多篇文章。1915年,当教授资格论文通过31年后,56岁的齐美尔才被位于法德交界处的斯特拉斯堡大学聘为教授。1918年,齐美尔在斯特拉斯堡大学逝世。

齐美尔是一个极具开拓精神的思想家,也是一个让人着迷的思想家。这种让人着迷不仅由于他那极富戏剧性的生活经历,更由于他那极富哲性、诗性和灵性的生命感悟。然而正是这个巨人,终其一生几乎都是学院的局外人或陌生人,在生前和死后都处于被人们遗忘的角落。齐美尔在写给韦伯夫人玛丽安娜和胡塞尔的信中曾说:"关于我自己几乎没有什么可汇报的事情。只有无法想象的莫名其妙的内心的兴奋与紧张。我就是在这种心情与修道院般被隔绝的堪称荒凉的局外性的存在之间的矛盾中生活着。"[1]"在这种莫名其妙的命运之中,我感到自己的存在完全是多余的。"[2]齐美尔的一生是寂寞和孤独的,正是如此,齐美尔对生命及其体验有着深刻的感悟与思考。

在德国哲学传统中,存在着两种形态的哲学,一种是形而上的逻辑哲学,以康德和黑格尔为代表,一种是形而下的诗化哲学,以叔本华和尼采为代表。齐美尔对生命有着深刻的形而上学悲情感,带着叔本华式的世纪末感伤情绪,他以敏感的听觉聆听现代生命最深沉的声音。如果说本雅明是德国纳粹上台后被迫害而"流浪在破碎的世界里"的浪荡子,齐美尔则是纳粹上台前在繁华都市中的"忧郁栖居者"。

齐美尔发表了大量关于艺术、文化和审美的论著,他喜用随笔式和断片式的叙述,这种文风使齐美尔的思想在表述上缺乏系统性和内在连贯性,很难被整理成条理分明的逻辑统一体。因此,在批评者眼中,齐美尔的著作往往被评判为支离破碎和无章可循的随笔。博尔德认为,齐美尔的作品涉

---

[1] 北川东子:《齐美尔》,赵玉婷译,石家庄:河北教育出版社2002年版,第45页。

[2] 北川东子:《齐美尔》,赵玉婷译,石家庄:河北教育出版社2002年版,第45页。

及社会学,或者更确切地说,涉及哲学、形而上学、美学和文化。① 齐美尔的著述风格并不遵循严谨的学术规范,行文自由和随意,而且从来不去刻意建构清晰严谨的逻辑体系,呈现出鲜明的碎片化风格,这种著述风格往往会使研究者陷入逻辑缺乏的蛛网般的迷雾之中。在当时社会学还没有发展起来的情况下,齐美尔的很多论述都不符合学院派的学术规则,缺乏体系感,被视为不务正业,或者用同行们的话来说,他的"蜻蜓点水"般的研究工作表明了他的"浅薄涉猎"。

哈贝马斯曾撰文讨论齐美尔的文化哲学思想对卢卡奇、本雅明和阿多诺等批判理论家的影响。② 奥瑞格认为,齐美尔的新康德文化主义、形而上学人类学和人类存在本体论等思想影响了西班牙学者奥尔特加。③ 虽然齐美尔没有正统的学术继承者,但他对同时代人及后辈学人却有着深刻而巨大的影响,如韦伯、卢卡奇、克拉考尔和本雅明就从齐美尔的思想中获益匪浅。列文指出,齐美尔的《货币哲学》为韦伯提供

---

① I. Borde, Space beyond: spatiality and the city in the writings of Georg Simmel. *The Journal of Architecture*. Vol.2, 1997, 313.
② J. Habermas, Georg Simmel on Philosophy and Culture: Postscript to a Collection of Essays. *Critical Inquiry*. 22.3, Spring 1996, 403 – 414.
③ N. R. Orringer, Simmel's *Goethe* in the Thought of Ortega y Gasset. *MLN*. 92. 2. Hispanic Issue, Mar 1977, 296 – 311.

了一种既可以深入洞察,又有分寸的社会学分析范式。[①] 斯卡夫认为,都市风格、都市生活、劳动和职业问题、宗教命运、生活的伦理和审美转向、对"铁笼"生存中的自由个性的期待,以及随着资本主义文化而产生的主观主义与客观主义等等一系列现代性问题,都促使韦伯与齐美尔走到了一起。[②] 可以说,齐美尔的影响相当深远,在很多思想家的作品中都能发现他的影子,如卢卡奇、早期法兰克福学派成员、美国芝加哥学派成员等。

在学术界,齐美尔思想的光芒长期处于被遮蔽的状态,这种情形一直延续到 20 世纪才稍有改观。这段时间出现了"齐美尔热"和"齐美尔复兴"现象,齐美尔受到英语国家的重视,大量著作被译成英文。需要指出的是,较早系统关注齐美尔思想的是英国学者弗里斯比。1982 年,第一届"齐美尔国际学术研讨会"召开,弗里斯比的论文《齐美尔的现代性理论》开启了齐美尔现代性美学和艺术思想的研究。此外,他在《现代性的碎片》和《社会学的印象主义》等书中和《现代生活的审美》等论文中毫不掩饰对齐美尔审美社会学思想的浓厚兴趣。弗里斯比主编了三卷本的《齐美尔:批判性评论》,

---

[①] D. N. Levine, *Georg Simmel*: *On Individuality and Social Form*s. Chicago: University of Chicago Press, 1971, xiv.

[②] L. A. Scaff, Weber, Simmel, and the Sociology of Culture. *Sociological Review*,36.1, 1988, 1 - 30.

收录不同时期的研究文献88篇,其中不少文献论及了齐美尔的美学和艺术思想。格罗瑙的《趣味社会学》讨论了齐美尔的"趣味""时尚"和"游戏"等概念,认为齐美尔的时尚理论是解决康德二律背反命题的典型范例。格罗瑙把齐美尔的社会学定义为美学社会学,认为现代人在日常的社会生活中(如追求时尚,参与时尚追逐的游戏等)实现了席勒著名的美育计划。雷克的《齐美尔与先锋社会学:现代性的诞生,1880—1920》提出了关于齐美尔研究的许多新观点。雷克将齐美尔定义为一个先锋社会学家,是"反正统文化"的一个重要思想家。雷克认为齐美尔最终建立的是"尼采式社会主义",因为尼采和社会主义都是资本主义的对头,是资本主义社会最具革命性与颠覆性的对立面。[1] 雷格夫通过对希腊神话中的卡洛斯和宙斯两个神话形象的解读来阐释齐美尔的思想。从前者来看,齐美尔是一个慢节奏的浪漫主义者和生活哲学家;从后者来看,齐美尔是一个"游手好闲者",一个新康德主义者,一个社交哲学家,或者说是一个早期的后现代主义者。[2] 此外,德国学者利希布劳特、迈尔、拉姆施泰德、穆勒、伯林格,瑞士籍犹太哲学家兰德曼,日本学者北川东子等

---

[1] R. M. Leck, *Georg Simmel and Avant-Garde Sociology: The Birth of Modernity*, 1880—1920. New York: Humanity Books, 2000.

[2] Y. Regev, Georg Simmel's Philosophy of Culture: Chronos. *The European Legacy*. 10.6, 2005, 585.

也从不同的角度对齐美尔的学术思想展开了研究。

在国内学界,齐美尔长期以来是一个陌生的他者。齐美尔的名字在国内最早出现在 1920 年覃寿公所译的日本社会学家达藤隆吉的《近世社会学》一书中。1929 年,梅贻宝所译的德国社会学家维泽的《德国社会学简论》,评价齐美尔并非"专纯的社会学家",而是"富有新奇思想的灵杰"。[①] 20 世纪早期,国内的一些社会学著作也零星提到或介绍了齐美尔,如 1921 年易家钺的《社会学史要》、1928 年黄新民的《德国社会学史》、1930 年李剑华的《社会学史纲》、1933 年叶法无的《近代各国社会学思想史》、1934 年吴文藻的《德国的系统社会学派》、1935 年李剑华的《辛迈尔社会学之介绍》等。刘榘在 1931 年和 1933 年发表的《社会学之对象及其范围》和《齐美尔之社会学学说及其批评》不仅对齐美尔进行了详尽介绍,同时也探讨了齐美尔思想的社会学意义和价值。新中国成立后,由于特定的历史原因,中国社会学学科发展遇到困境,齐美尔研究也因此而中断。

直到 20 世纪 80 年代,《现代外国哲学社会科学文摘》1980 年刊载罗思的《评:西梅尔著〈历史哲学的问题:一篇认识论的论文〉和韦伯的〈对施塔姆勒的批判〉》,重新开启了国内的齐美尔研究历程。1987 年狄塞的《齐美尔的艺术哲学》

---

① 维泽:《德国社会学简论》,梅贻宝译,《社会学界》,1929 年第 3 期。

作为论及齐美尔审美艺术思想的论文首次在中国大陆刊出。1986年美国学者李普曼所编的《当代美学》收录了齐美尔的《面孔的美学意义》,同年,《德国哲学》刊载了齐美尔的《论主体文化》,这两篇论文是中国大陆较早涉及齐美尔美学思想的齐美尔文献。20世纪90年代,齐美尔的《桥与门》中译本出版,这是大陆最早翻译出版的齐美尔著作。1992年费瑟斯通的《格奥尔格·齐美尔专辑评介》收录了齐美尔的4篇论文以及卢卡奇和其他学者的10多篇论文。1994年刘小枫的《人类困境中的审美精神》收录了齐美尔2篇论及现代审美文化精神的论文。1999年皮兹瓦拉的《齐美尔、胡塞尔、舍勒散论》,迪娜·温斯坦与迈克尔·温斯坦合著的《作为符号的解构:席美尔/德里达》两篇论文也从现象学和解构学层面拓展了齐美尔思想研究的主题。

目前国内学界的齐美尔研究专著有7部。成伯清的《齐美尔:现代性的诊断》(1999年)是从社会学的维度对齐美尔的现代性思想的研究。陈戎女的《西美尔与现代性》(2006年)是从哲学角度对齐美尔的货币文化思想的研究。杨向荣的《现代性和距离:文化社会学视域中的齐美尔美学》(2009年)和《文化、现代性与审美救赎:齐美尔与法兰克福学派》(2017年)是从文化社会学角度对齐美尔美学思想及其与法兰克福学派思想关联的研究。袁敦卫的《论齐美尔的社会美学及其当代意义》(2015)和赵岚的《西美尔审美现代性思想研究》(2015)考察了齐美尔的社会美学思想,并试图从中引申出一条思考当代社会审美现象的特殊途径。张丹的《齐美尔艺术思想的多重面貌》(2019)尝试借助齐美尔的艺术哲学思想来说明艺术自律在经验层面上同现代人的审美体验乃至于生命体验的相关性。除了这7部研究专著,值得一提的是刘小枫在《现代性社会理论绪论》中,用大篇幅论证齐美尔为第一个具有现代性心性的社会学家,"致力于把握现代性社会中,个体和群体的心性质态以及文化制度的形式结构。"①

由于齐美尔思想的斑杂性,学界很难将他归于某个具体的学科。长期以来,在不同的研究者眼中,齐美尔呈现出不同的形象,被贴上了不同的标签。有学者认为,不存在本质意义上的齐美尔,只存在从各种不同的角度,在不同的话语建构中解读出来的齐美尔。② 科塞认为,至少有三个齐美尔:第一个是都市现象的杰出分析家③;第二个是结构主义社会

---

① 刘小枫:《现代性社会理论绪论》,上海:上海三联书店1998年版,第8页。
② D. Weinstein and M. Weinstein, Georg Simmel: Sociological Flâneur Bricoleur. *Theory, Culture & Society.* 8.3, 1991, 152.
③ "芝加哥"学派(The Chicago School)代表人物帕克和沃思的都市社会学理论在知识谱系上清晰地反映了德国学派成员齐美尔对他们的重要影响(帕克在柏林求学时是齐美尔的学生,沃思是帕克的学生)。齐美尔1903年发表论文《大都市与精神生活》,沃思1938年发表论文《作为一种生活方式的都市性》,相对于齐美尔的都市文化理论,沃思的理论呈现出"纯都市社会学"的学科化倾向。齐美尔敏锐地记录了现代都市生活的纷乱印象,以及货币文化带来的现代性后果;对沃思来说,现代都市生活是摧毁人性和个性的恐怖机器。

学家;第三个是都市生活的体验者。[①]科塞所言的第一个和第二个齐美尔是作为社会学家的形象而出现的,而第三个齐美尔更多接近于尼采和叔本华,是作为美学家形象出现的。当然,给齐美尔所贴的标签远不止这些,在不同的学者眼中,齐美尔具有不同的画像。

社会学家齐美尔。这是学界普遍认同的一幅画像。齐美尔与韦伯以及迪尔凯姆使社会学成为一门独立的学科,他们共享着社会学领域的开创性研究。德国学者帕森斯主要关注齐美尔的形式社会学。伍尔夫所译《格奥尔格·齐美尔的社会学》是美国社会学界了解和接受齐美尔的一个重要译本。晚了伍尔夫将近二十年,列文所译的评论性著作《齐美尔论个体性和形式》进一步突出了齐美尔的社会学思想。齐美尔用形式社会学考察社会群体与社会结构问题,他所提出的"社会是如何成为可能的"的命题也成为古典社会学的经典命题。齐美尔强调社会"互动",认为正是人与人之间的互动与交往,构成了社会。关于社会文化的矛盾与冲突理论给科瑟尔以很大的启迪,并成为冲突理论的直接理论来源。齐美尔的文化社会学思想关注货币文化及其现代性后果,强调文化内容与形式冲突所导致的文化悲剧。这些理论不仅影

[①] L. Coser, The Many Faces of Georg Simmel. *Contemporary Sociology*. 22. 3, May 1993, 452.

响了同时代的韦伯,同时也使西方马克思主义的思想家们把马克思对资本主义的政治经济学批判转化为聚焦于文化社会学层面的符号经济学批判。

印象主义者齐美尔。这是曼海姆、卢卡奇、弗里斯比和哈曼所描述的齐美尔画像。曼海姆认为,齐美尔喜欢精细入微地描述普遍的日常经验,就像印象派绘画试图反映被忽略的光影明暗变化效果一样。从这一点来说,齐美尔可以被称为社会学的"印象主义者",他的才华不在于建构一种关于整个社会的理论,而在于分析前人未予注意的各种社会现象的内蕴意义。[1] 卢卡奇在回忆齐美尔时称其为"地道的印象主义哲学家"。弗里斯比著有《社会学的印象主义》一书,认为齐美尔的社会学著作中存在着一种印象主义风格。[2] 哈曼在《生活和艺术中的印象主义》中则将齐美尔看作是印象主义大师,认为齐美尔关于艺术、文学及哲学的论著,基本上都是以"印象主义"为中心展开的。弗里斯比指出,哈曼在论文《生活和艺术中的印象主义》中以《货币哲学》为基础,论述了印象主义、大都市和货币经济之间的关系,证实了同代人对

---

[1] K. Mannheim, *Essays on Sociology and Social Psychology*. London: Routledge, 1998, 217.

[2] D. Frisby, *Sociogyical Impressionism: A Reassessment of Georg Simmel's Social Theory*. London: Heinimann Educational Books Ltd, 1981, 101.

齐美尔的称呼:社会生活的印象主义者。[①] 笔者以为,印象主义的生活方式最容易在现代大都市里找到适合其发展的土壤,而齐美尔就是这样一个现代都市的印象主义者。

生命哲学家齐美尔。国内外学者在介绍齐美尔时,往往视其为"生命哲学家"或"文化哲学家"。齐美尔曾表达过渴望成为哲学家的心声:"我在国外仅仅被看成是一名社会学家,这让我感到非常着急。之所以这样说也是因为我是一名哲学家,我将哲学作为自己一生的使命。而社会学只不过是作为副业在搞。"[②]确实,齐美尔是他那个时代一个具有生命意识倾向的哲学家,而并非是一个纯粹的社会学家。对此,我们从齐美尔所撰写的大量哲学思辨文章以及后人对他的评价中可以看出来。卢卡奇在《理性的毁灭》中描述了这样一种情形:19世纪资产阶级知识分子的生命哲学来源于这样一个背景:一方面,科学的发展及其成果使广大的知识分子完全远离了一切宗教活动;另一方面,这些知识分子的社会处境却使他们深深感觉到:个体生命本身从其内在层面看是完全无意义的,外在世界对个体而言,也没有任何意义。因为科学知识已使世界祛魅,社会行为的规范已失去了任何

---

① 转引自弗里斯比:《现代性的碎片》,卢晖临等译,北京:商务印书馆2003年版,第79页。
② 转引自北川东子:《齐美尔》,赵玉婷译,石家庄:河北教育出版社2002年版,第116页。

方向。在这种情况下,个体何去何从?哪里才能找寻到个体生命的终极意义呢?卢卡奇认为,在他那个时代,对一些资产阶级知识分子而言,实证主义所开出的药方明显已过时,而生命哲学就是从实证主义的式微中,以及对世界观的需要中而产生出来的。[①] 从卢卡奇的分析中,笔者以为,齐美尔之所以走向生命哲学,将个体的生存选择寄寓于生命哲学,很有可能就源于卢卡奇所言的这种对生命意义的思索:生命的意义到底是什么?生命的价值又体现在什么地方?对这些问题的追问形成了齐美尔生命哲学的主题。对现代生活的体验,齐美尔一方面从社会学美学的角度加以把握;另一方面,齐美尔又试图将其纳入更为深刻的生命哲学图式中。

美学家齐美尔。这是为学界所忽略的另一幅齐美尔画像。其实,社会生活的印象主义者暗示了齐美尔是一个审美主义者。齐美尔开创了审美现代性研究的新思路,这一思路在他的学生及后继者那里得到了延续和发展,如卢卡奇、克拉考尔、布洛赫、本雅明和阿多诺。戴维斯认为,如果说马克思社会学的基石是经济学和政治学,杜克海姆社会学的基石是生物学和统计学,而韦伯社会学的基石是历史学和人类学的话,那么,齐美尔则试图建立一个以美学为基石的社会学。

---

① 卢卡奇:《理性的毁灭》,王玖兴等译,济南:山东人民出版社1997年版,第397—398页。

他也为此制定了一系列的规则,从而使其与马克思、杜克海姆以及韦伯有着根本的区别。齐美尔带着浓厚的"形而上学悲情"审视周围的一切,他的审美立场也基于两种心态的交织:与现实保持距离和独特的悲剧世界观。在戴维斯的解读中,齐美尔"社会学美学"关注社会学与美学在方法与结构上的相似性。在他看来,社会学与美学都关注空间的视觉形式,艺术和社会产品也都是从社会现实生活中产生的,并且这两个学科都采用一样的研究方法,即从特殊到一般。[1] 福恩特认为,齐美尔是一个审美的社会理论家,他大部分关于美学与社会学的建构是通过一种类比的方式实现的。在他看来,齐美尔不仅是一个社会学家和哲学家,同时也是一个美学家,一个现代生活的审美主义者。[2] 斯卡福认为,齐美尔力图通过艺术和审美来救赎世界,他极力将生活演绎为一系列艺术和审美事件,并主张在美学领域实现其救世情结。"齐美尔关于艺术以及诸如伦勃朗、歌德、罗丹和格奥尔格等艺术家的著述,他自己对于作者介绍的诗歌尝试,以及以根本样式出现在现代主义的新艺术杂志《青年时代》中的小品

---

[1] M. S. Davis, Georg Simmel and the Aesthetics of Social Reality. *Social Force*. 51, 3, 1973, 328.

[2] E. Fuente, The Art of Social Forms and the Social Forms of Art: The Sociology-Aesthetics Nexus in Georg Simmel's Thought. *Sociological Theory*. 26:4, 2008, 346.

文形式,都倾向于这一方向。另一方面,他的社会学中,'亲身体验'这一概念中固有的美学特征亦是如此。"[1]马费索利认为齐美尔是一个后现代主义的审美社会理论家,对美学的关注使他将目光直接转向了齐美尔以及他的诸多作品。在他看来,"成为审美的"是当代社会生存的流行模式,而审美的社会存在方式也是后现代社会的主要特征,而齐美尔身上无疑展现了这些特征。[2]

在临死前的一篇日记中,齐美尔略带伤感地写道:我知道我将在没有学术继承人的情形下死去,我的遗产就如同现金,为许多继承人所分享,每个继承人都按自己天分将所获得的那部分派上用场,但是从他们的使用中,不再能够看出他们所继承的却是我的遗产。[3] 齐美尔写下此话时心情的复杂和矛盾可想而知。事实似乎也印证了他的预言。后人从齐美尔的著述中各取所需,却很少有人清醒地意识到,这些为他们所用的思想实际上是源于齐美尔。正如史密斯所言:齐美尔有许多学术继承者,然而并不是他们之中的所有人都

---

[1] 转引自瑞泽尔:《布莱克维尔社会理论家指南》,凌琪等译,南京:江苏人民出版社 2009 年版,第 264 页。

[2] M. Maffesoli, The Ethics of Aesthetics. *Theory, Culture and Society*. 1991, 81, 7 - 20.

[3] D. N. Levine, *Georg Simmel: On Individuality and Social Forms*. Chicago: The University of Chicago Press, 1971, xiii.

聪明到能够认出他们的父亲来。①

　　齐美尔去世以后,他的思想遗产被后继者们瓜分和遗忘,他的学生,如卢卡奇、布洛赫、舍勒、布伯、本雅明等也纷纷偏离了老师的研究方向,不过,在他们很多著述的字里行间,还是能隐约看到齐美尔的思想痕迹。由于齐美尔"随笔式"的文风,在20世纪上半叶的德国思想界,"随笔式"思想以一种积聚了诸多思想力量的方式而展开。可以说,齐美尔与他的追随者们形成了一种"随笔式"思想谱系,在这个谱系中,还有卢卡奇、布洛赫、本雅明、阿多诺等诸多思想家,而齐美尔恰恰是其中的第一人。

---

① G. W. H. Smith, Snapshot "Sub Specie Aeternitatis": Simmel, Goffman and Formal Sociology. D. Frisby, *Georg Simmel*: *Critical Assessments*. Vol.Ⅲ, London: Rouotledge, 1994, 354.

齐美尔社会学美学思想管窥

随着现代生活的货币化,现代文化陷入了前所未有的困境中。面对现代人的生存困境,齐美尔提出"距离"概念,认为个体只有通过与物化现实保持距离,才能实现对现代日常生活的审美超越与救赎。从现代性体验这一独特视角出发,齐美尔的视角深入到现代生活的各个不起眼的角落。现代社会的生活流变在齐美尔眼中已裂变为一个个细小的碎片,而他所感兴趣的,也正是这些浸染着现代个体生存图景的生活碎片。齐美尔美学思想有其独特性,是一种"社会学美学",审美现代性和文化社会学的视域是贯穿齐美尔美学思想的主线。齐美尔从审美社会学的角度阐述现代文化的张力,致力于挖掘现代文化现象所焕发出来的审美性,如时尚、冒险、游戏、博览会,等等。齐美尔基于审美主义的阐释维度去关注现代艺术和社会生活,强调理解和解释日常生活的社会化效应时所使用的种种批判性、思辨性和审美性的理论向度。个体和群体的现代性心理感性状态,以及与之相应的文化制度的形式结构,特别是关于货币与现代人形象的审美社会学剖析,成为齐美尔社会学美学思想的重要支撑。齐美尔将审美心理主义应用于日常生活的分析中,由此,美学进入了日常生活,进入了社会理论中,日常生活和文化现象成为一个突显社会学特征的美学文本。

审美印象主义

齐美尔力图突显现代个体的内在心灵,强调从都市生活的现代性体验这个角度来界定现代性。在《哲学文化》一文中,齐美尔这样写道:

> 现代性的本质是心理主义,是根据我们内在生活的反应(甚至当作一个内心世界)来体验和解释世界,是固定内容在易变的心灵成分中的消解,一切实质性的东西都被心灵过滤掉,而心灵形式只不过是变动的形式而已。①

弗里斯比和刘小枫在研究中也写道:

> 以各自不同的方式,齐美尔、克拉考尔和本雅明都

---

① 转引自弗里斯比:《现代性的碎片》,卢晖临等译,北京:商务印书馆2003年版,第62页。

关注人们感受和体验资本主义剧变所产生的社会和历史存在的新的方式。他们的中心关怀是表现为过渡、飞逝和任意的时间、空间和因果性这三者的不连续的体验——这种体验存在于社会关系的直接性中,包括我们与都市的社会和物质环境之间的关系,以及我们与过去的关系。①

齐美尔以一种审美(感觉)方式来确定现代经济制度与现代社会文化制度的心性品质之内在关联,以便更切近地把握现代人的生活感觉。描述现代社会的质态,可以有不同的切入点和论述方式,这取决于作为个体的社会学家的观察点和设问。齐美尔的文化社会学方法及其概念,是心理主义的,即从感觉层面来分析社会形态。将现代社会的质态描述为感觉型或审美型,既与齐美尔的现代性理解相关,亦与其社会学方法相关。②

齐美尔并不很关注现代性产生及其发展的历史进程,但却醉心于现代性过程中的审美体验。齐美尔对现代性理论

---

① 转引自弗里斯比:《现代性的碎片》,卢晖临等译,北京:商务印书馆2003年版,第7—8页。
② 刘小枫:《现代性社会理论绪论》,上海:上海三联书店1998年版,第337—338页。

的分析采取的并不是历史分析的方式,而是一种心理体验方式,正如齐美尔对现代性本质的界定:现代性的本质是心理主义,是外在世界的固定内容在个体易变的心灵中的消解。对齐美尔而言,洞察力、直觉和知识的审美特性在其内在层面上,是真实把握从内在到个别这一过程的结果。斯卡夫认为,从内在感觉出发来体验世界,这是齐美尔心理主义的最终命意所在,而齐美尔也正是力图透过感觉层面去接触灵魂的内在波动。① 因此,现代性在齐美尔笔下呈现为一种特殊的人生体验方式,它不仅是个体对外在世界的碎片式生活的内在反应,也是个体内在心灵对外在世界的一种体认。

外在世界的实质在齐美尔眼中,处于永不停止的流动中,而现代性就存在于一种体验外在世界的特殊方式中,它不仅仅化为我们内心的反应,而且融入了我们内在的生活方式之中。外在世界在齐美尔眼中成为了一根根的细小纽带,"每一天、每一秒,这些纽带被编结,被舍弃,又被重新拾起,旧的纽带被新的所取代,或是与新的相互交织。在其间起作用的是社会原子间的互动,这种只有通过心理的显微镜才能观测得到的互动,支撑着这个真实却又令人迷惑的社会全部

---

① L. A. Scaff, Weber, Simmel, and the Sociology of Culture. *Sociological Review* 36.1, 1988, 16.

的韧性与弹性,多样性与一致性。"①在这种心理显微镜的感知与体认中,外在世界的流逝、短暂和碎片性存在都被吸纳进我们的内在生活,并呈现为内在生活的真实。外在世界成为我们内心世界的组成部分,现实生活中飞逝的、碎片化的以及矛盾的时刻,全部都融入我们的内在体验之中。齐美尔试图通过"心理主义的显微镜"来实现心灵和世界总体性之间的联结与交流。"世界的复杂性成为精神的统一性,这正反映出哲学是种种心灵对存在整体的反应:因为心灵自知是个统一性,在它之中——而且首先也只有在它之中——此在的众多光束如同相交于一点。"②对齐美尔而言,从外在世界的感性体验中获得现代性的所有核心特征,这些特征最后在个体的内在生活中都得到了证实和展现,现实最终被体验为一种生命的流动性。

齐美尔显然将现代性的理解定位于一种新的维度上:对现代性的理解不能只从社会的经济与政治层面来把握,而要通过对现代人的生命体验的分析来把握,即通过感性体验的方式去把握。康诺尔则认为,齐美尔之所以将现代性界定为心理主义,是因为"现代性就其本身性质而言,就会使个别经

---

① 齐美尔:《时尚的哲学》,费勇等译,北京:文化艺术出版社2001年版,第2页。
② 齐美尔:《哲学的主要问题》,钱敏汝译,上海:上海译文出版社2006年版,第35页。

验着的主体无法利用社会理论提供的那些总体化的视角;而在齐美尔看来,这种纯概念性的视角正脱胎于对现代范畴之实质的背叛。如果社会学不仅要说明现代性,而且要表现现代性,那么它就必须要更密切地关注现代经验中强烈的情感和相对的性质。"[1]齐美尔对现代性的关注重点在现实社会的感性与审美层面,他从审美印象主义角度界定现代性,这与同时代的韦伯用理性化来描述现代性的方法迥然不同。正是因为从现代性体验的角度入手,齐美尔获得了"第一个对现代性和大都市体验进行分析的社会学家"(弗里斯比)、"现代性的审美印象主义者"(哈曼)等称号。

印象主义主要是指一种对现代生活碎片的体验性感悟。根据海默尔的考察,"印象主义"这个词与齐美尔生活的故乡——世纪之交的柏林——的现代性体验息息相关。"印象主义"不仅仅是某种艺术的表现,而且也是现代性症候的诊断策略,是对现代性生活风格的表征。"印象主义"生活风格的特征在于"生活的加速度和转瞬即逝,行动的狂热、激动和稳定,以及对所有既定规范和价值观的颠覆。"[2]可见,"印象主义"一词是与生活风格的品性联系在一起的,齐美尔社会

---

[1] 特纳:《社会理论指南》,李康译,上海:上海人民出版社2003年版,第432页。

[2] B. Highmore, *Everyday Life and Cultural Theory: An Introduction*. London: Rouotledge, 2002, 36.

学美学的印象主义的真正含义是一种生命哲学诉求:如何恢复对事物有差异的魅力的细腻感受,使主体灵魂保持现代生活的审美感觉性。

齐美尔是一个现代生活的审美主义者,他关于现代性本质的界定侧重于体验内涵。现代性的这种体验的"心理主义",在齐美尔眼中同时也是一种审美主义。刘小枫认为,在齐美尔那里:"审美性的特质就在于:人的心性乃至生活样式在感性自在中找到足够的生存理由和自我满足。这种个体的感性自在的处身位置当然是此岸的,其自在性框围拒斥彼岸的关系。艺术框围的审美位置是由一种确定的无动于衷——即框围的形式动力因素来确定的,同样,审美性标识一种自成体统的此岸世界态度,这种生存态度的取向是回返内心。"① 显然,审美主义与心理主义是紧密相关的,审美性是一种可以称之为心理主义、主体主义的心理质态,而齐美尔也正是以一种主体的审美心理体验方式而非科学的逻辑方式来把握社会存在。齐美尔想通过自己的审美体验式语言来阐释社会意义,并且想在语言当中唤起和实施这种意义。

齐美尔将社会视为一件艺术品,强调以审美印象主义的眼光,从艺术的角度来审视和观照社会。在一篇文章中,齐

---

① 刘小枫:《现代性社会理论绪论》,上海:上海三联书店1998年版,第302页。

美尔写道:"社会作为一个整体便成了一件艺术品,其中的每个部分由于其对整体的贡献都具有一种明显的意义。"[1]在齐美尔看来,艺术品由两部分组成:作为内容的艺术以及将艺术内容限制在一定范围内的周边框架。艺术品的周边框架发挥着两种功能:把艺术品与周围的世界封闭隔绝起来和在自身之内把艺术品进行整合。周边框架宣告在它之内存在着一个只服从自己的各种准则的世界,这个世界并不纳入周围世界的规定性和运动中。它不仅象征着艺术品自成一体的统一,同时又由自身出发,增强这种统一的真实和印象。齐美尔认为,个体的内在心理世界就如同一个由艺术形式所构建出来的世界,这个世界是一个自在的整体,不与外界或他物发生关系。齐美尔视社会为一件艺术品,还有一个重要的原因在于艺术和社会具有相同的特征:艺术与社会都是作为精神生命的外部形式而存在,尽管它们都离不开特定的精神生命,但它们一旦独立出来,就获得了自己的生命。一方面,社会一旦形成,就会有自己的运行方式,如社交的本质就在于为"社会交往"而进行"社会交往";另一方面,艺术品一旦形成也就构成了一个自给自足的统一体,现代主义的"为艺术而艺术"思潮在某种意义上就是呈现文化与社会形式日益增长的自足性的一个例证。

---

[1] 齐美尔:《桥与门》,涯鸿等译,上海:上海三联书店1991年版,第221页。

现代性碎片景观

齐美尔对现代性都市风格的探讨也源于他对现代性碎片的敏锐感觉。齐美尔认为,要体验和把握都市现代性,应当努力捕捉片断性的、稍纵即逝的瞬间,并从中体悟日常景观的审美内蕴。齐美尔对日常生活的描述性碎片展示,其目的并非描述现代生活的表象,而是将日常生活碎片视为社会生活和文化总体性的反馈。

现代性的本质特征在于体验外在世界,而现代性体验的最突出特征是偶然性、碎片性和不确定性。要把握这种现代性体验,齐美尔认为,不能依赖那些宏大的、系统的理论体系,而应借助对现代生活的敏锐感觉,努力去捕捉那些片断性的、稍纵即逝的瞬间,并从中挖掘现代生活的审美内蕴。齐美尔的现代性分析起点不是社会总体,而是现实的偶然性碎片,这也构成了他独特的现代性分析路径——从碎片到达整体。正如北川东子所言:"'被瞬间所束缚'和'对整体作出反应'——齐美尔的哲学是由这两个相互矛盾的方向所规定的。"[①]这种从碎片到整体的分析路径也体现了齐美尔社会学研究的独特视域:微观视域。在这一视域下,碎片表征了社

---

① 北川东子:《齐美尔》,赵玉婷译,石家庄:河北教育出版社2002年版,第19页。

会总体性。

齐美尔对现代性的分析来源于他对现代性现象的敏锐感觉,他的触觉已深入到现代生活的各个角落。现代社会的生活流变在齐美尔眼中已裂变为一个个细小的碎片,而他所感兴趣的,也正是这些浸染着现代个体生存图景的生活碎片。用弗里斯比的话说,现代性在齐美尔那里呈现出一种动态的表述:支离破碎、四分五裂的存在的总体性和个体要素的偶然性得到了相当明确的显露;而与此相反,集中的原则,永恒的因素,则消失殆尽,荡然无存。[1] 宏观性的整体社会生活,在齐美尔那里被分解为各个微小的碎片化景观,在这种经由碎片到总体的审美路径中,日常生活景观中每一个细微和偶然的碎片都能观照或表征出一般的社会总体性意义。由现代性碎片出发来剖析和解读现代性社会,这是齐美尔独特的现代性审美路径。齐美尔关注看似最表面的、最不起眼的和毫无连续性的细微之物,最终目的却是想通过对这些细节的考究,挖掘其背后隐含的社会意义。

在1896年的论文《社会学美学》中,齐美尔提出了一种关于日常生活碎片的现代性美学。齐美尔阐释了社会互动中的碎片如何与其他碎片相联系,并一起构建了一个整体,

---

[1] D. Frisby, The Foundation of Sociology. D. Frisby, *Georg Simmel: Critical Assessments*, Vol. I. London: Rouotledge, 1994, 330.

在他眼中,日常生活碎片的具体规定性揭示了各种根本的总体性力量。通过将生活碎片与社会总体性相关联,日常生活向审美状态敞开,日常生活的审美感性主义美学由此而生。在他的后期著作中,齐美尔认为,碎片并非仅仅存在于社会互动层面,同样存在于人类的自我生存层面。在某种意义上,每一个个体都仅仅只是碎片。"我们总是在不同的层面间来回地循环,它们依据不同的规则,全都构成了世界总体,但从每一个平面来考察,我们的生命在任何特定的时候所获得的只是一个碎片。"[①]不仅如此,有意思的是,齐美尔在谈到如何了解一个人时也实践着由碎片到总体这一思路:"每一次在我们面前的都不是一位我们能够了解和预计的、统一的人,而只能是一个心灵的若干偶然的和毫不相关的残碎片断。因此,我们必须通过各种结论、解释和内推法对现存的残缺不全进行补充,直至出现一个像我们的内心和对于我们的生活实践所需要的、完整的人为止。"[②]可见,齐美尔现代性分析的入口不是那些宏观的社会系统或者社会制度,而是存在于社会现实的内在细微处,存在于那些被看作是永恒的现代社会生活的形形色色的瞬间景观,或者说是"快照"。有学者认为,齐美尔是当时那个时代唯一的真正的哲学家,因为

---

① D. N. Levine, *Georg Simmel: On Individuality and Social Forms*. Chicago: The University of Chicago Press, 1971, 38.
② 齐美尔:《社会学》,林荣远译,北京:华夏出版社2002年版,第467页。

他真正地再现了那种碎片化的时代精神。"齐美尔的分析目的不在于构建一个系统的理论,而在于对现代性碎片的展示。"①

面对碎片化的日常生活景观,齐美尔往往随手拈来,看似漫不经心,但他的分析中往往迸发着精辟的思想火花,并且能展示生活碎片化景观背后的本质。因为这种碎片化的文风和审美体验方式,齐美尔往往被描述成一个"社会学—文化哲学"的审美印象主义者。在齐美尔那里,印象主义不仅仅被理解为艺术的表现,也被理解为通达现代性状况的诊断性方法。海默尔认为,"齐美尔拒绝一个秩序严整的统一体系,拒绝在哲学上的宏观观点,这并非他无能为力于把这些断片联结在一起而导致的结果;恰恰相反,它源自这样一种尝试,尝试发现某种形式的关注,这种关注能够胜任(或者更加胜任)对它的对象(现代世界的日常生活)的处理。"②在海默尔看来,齐美尔关注细节,同时也关注细节背后的意蕴,这意味着对细节的独特性以及细节之间关联的关注。

齐美尔关注现代性的碎片化叙事,强调从审美心理或印

---

① D. Frisby, The Ambiguity of Modernity: Georg Simmel and Max Weber. W. J. Mommsen and J. Osterhammel, *Max Weber and his Contemporaries*. London: Routledge, 2010, 430.
② 海默尔:《日常生活与文化理论导论》,王志宏译,北京:商务印书馆2008年版,第61页。

象主义的角度去捕捉现代性的碎片化景观。现代性是一种日常生活体验方式,它是个体对日常生活碎片化景观的心灵体验和内在反应,同时也是个体主体精神对日常生活世界的体悟。齐美尔试图通过"心理主义的显微镜"——而不是通过对社会的主要机制的分析——来接近这一内在世界。[①] 这种分析路径是一种从主体内心到外在世界的解剖维度。虽然齐美尔关注碎片式的片断,但最终目的却是想通过对这些生活细节的研究而发现细节背后隐含的重要社会意义。齐美尔对日常的生活碎片和世界图景的把握,虽然是从瞬间的感觉出发,走向的却是哲学的形而上之路。日常生活碎片是社会生活的各种互动张力所产生的回响,是从栩栩如生的生活现象中呈现出来的社会总体性。对此,费勇分析说:"如果说大都会的精神在于官能的碎片式舞蹈,一切都在形色声中稍纵即逝,那么,齐美尔恰恰以沉思的姿态凝视这些流动的场景,把喧闹背后的寂静从容不迫地揭示出来。因而,他的生命感觉并非印象式的、散乱的,而是有着深厚的哲学和历史底蕴的。他对当前的日常现象或生活景象的把握,从感觉

[①] D. Frisby, The Ambiguity of Modernity: Georg Simmel and Max Weber. W. J. Mommsen and J. Osterhammel, *Max Weber and his Contemporaries*. London: Routledge, 2010, 431.

出发走上的是思想之路。"①齐美尔所关注的一些生活碎片,如金钱、妇女卖淫、现代招魂术、饮食、面容等等,虽然不能被当作总体来把握,却也不仅仅只是碎片,而是通向总体的途径。齐美尔想做的,是在现代性社会实在的瓦砾中找到一条道路,通过对碎片的收藏,从而重获已经失去的实在的总体。

在对日常生活现象的印象主义描述背后,齐美尔其实是把日常生活碎片当作一种动态流动而又厚重有力的文化的症候来处理的。因此,无论是"货币"或者"性"等富有现代意义的主题,还是诸如"桥""门""把儿""椅子"等很普通的主题,都只是日常生活的瞬间。但通过把探测器放入这些瞬间,却可以洞见现实生活背后的深刻主题。这正如戴维斯所言,在齐美尔那里,社会的普遍性不是来自那些大的、显著的以及著名的事件或个体,而是来自社会生活中那显然小的、不重要的和细微的特征。恰恰是传统艺术中这些最不起眼的细节,构成了作为整体的艺术的最根本的形式。因此,单纯的社会交流看起来似乎无关紧要,却能揭示社会,甚至生活本身的最本质的过程。② 在齐美尔眼中,社会审美分析家取代了艺术鉴赏家,他们沉浸在日常生活碎片中,并在其中

---

① 费勇:《〈时尚的哲学〉译者前言》,北京:文化艺术出版社 2001 年版,第 4—5 页。
② M. S. Davis, Georg Simmel and the Aesthetics of Social Reality. *Social Force*. 51. 3, 1973, 327.

发现了社会总体性。社会学美学并非要消除宏观视域,而是蓄意在日常性中揭示总体性。

齐美尔钟爱生活碎片,认为生活的碎片能够再现生活的内在意义的总体性,这种思想在他的不少文章中都曾得到表述。在早期的一篇文章中,齐美尔认为,对碎片化生活细节的研究,可以在独一无二中发现典型,在偶然性中发现规律,在肤浅和稍纵即逝中发现事物的本质和意义。[①] 在《大都会与精神生活》一文中也有类似的表述:"从存在表面的每一点看——无论它们多么紧密地独自依附于这表面——人们可以从表面的探测进入心理的深处,以至于生活的所有最平凡的外在性最后都与关于生活意义与方式的终极决断有关联。"[②]齐美尔深信,现代生活的任何细节、表象都是与它最深奥的、最本质的运动相联系的,通过对生活碎片化细节的审美,可以获得对生活背后总体性的把握。他在《货币哲学》的序言里明确指出,对诸如货币等生活碎片的研究,在于从生活的每一个细枝末节中发现其意义总体性的可能性。

在齐美尔眼中,审美沉思和诠释的本质在于"独特的东

---

① D. Frisby, The Aesthetics of Modern Life: Simmel's Interpretation. D. Frisby, *Georg Simmel: Critical Assessments*, Vol.Ⅲ. London: Rouotledge, 1994, 52.

② 齐美尔:《时尚的哲学》,费勇等译,北京:文化艺术出版社2001年版,第189页。

西强调了典型的东西,偶然的仿佛是常态的,表面的和流逝的代表了根本的和基础的。似乎在任何现象中都蕴涵着富有意义的和永恒的东西。"[①]鲍曼认为,虽然齐美尔关注的是现代社会文化的碎片,而且他对现代社会及文化的分析风格存在着某种碎片性特征:他一会儿从这个角度去分析社会现实,一会儿又从另一个角度去分析,每次只关注某一社会现象、类型或过程,但正是在"这种做法中,齐美尔作品中的实在,以如此众多的生活断片和信息碎片的形式出现;它是一种发自遥远地方的呼喊,来自完整的、包罗万象的、和谐而有系统的'社会秩序'或'社会结构'的模型,这些模型是由其他社会学家提供的,并被当时的社会科学认为是符合惯例的。可以说,实在消散于齐美尔之手;它散落成碎片,拒绝被教会、国家或民族精神的统一力量再度拼凑起来。"[②]鲍曼的话意在表明,在齐美尔那里,通过碎片,可以窥见生活背后的实在和总体性存在。

在齐美尔那里,每一块碎片都连接着社会的总体性,日常生活的现代性碎片是与生活背后的实在和总体性密切相

[①] D. Frisby, The Aesthetics of Modern Life:Simmel's Interpretation. D. Frisby, *Georg Simmel:Critical Assessments*, Vol.Ⅲ. London:Rouotledge, 1994, 55.

[②] 鲍曼:《现代性与矛盾性》,邵迎生译,北京:商务印书馆2003年版,第284页。

关的。碎片的意义并不在于彼此之间的关联,而在于它们的现实性,也就是说,"所有最平庸生活的外部性都与关于生命意义和风格的最终决定联系起来。"[①]通过对碎片的审美关注,进而理解和把握碎片所表征出来的社会美学意义,日常生活由此向审美意义转变。在齐美尔看来,碎片虽然是日常生活的表面存在,但实际上每一块碎片上又都体现着生活的总体,能映射出社会的整体意义。通过这种审美解剖方式,齐美尔试图超越生活碎片的表面性,实现总体与碎片的最终整合。齐美尔对现代性碎片和世界细微图景的解读,虽然是从日常生活形而下的细微感受出发,但走向的却是审美哲学和审美文化学的形而上之路。

货币与现代生活风格

撰写于 1900 年的《货币哲学》是齐美尔少有的一部系统性很强的著作。与马克思的《资本论》和韦伯的《经济与社会》一样,《货币哲学》也关注西方资本主义社会的货币经济及其带来的社会文化现象。即便如此,齐美尔的独具一格的阐释路径显然不同于马克思和韦伯对社会政治与经济制度的分析,分析货币的社会经济机制并不是齐美尔的重点,货

[①] I. Borde, Space beyond: Spatiality and the City in the Writings of Georg Simmel. *The Journal of Architecture*. Vol.2, 1997, 313-335.

币对现代文化及个体生活的影响,才是齐美尔货币文化理论的核心所在。"《货币哲学》已经涉及意义重大的问题,它不仅仅从社会学角度关注货币经济对社会及文化生活产生的作用,而且显示出建立一套文化哲学乃至生命形而上学的努力。"[①]对齐美尔而言,现代性的历史就存在于货币文化的发展之中,货币经济引发了现代社会关系的转变,货币经济也是现代都市生活风格的主要根源。

齐美尔关注货币对个体和现代生活的影响,那么,个体又是以一种什么样的心态来面对货币的冲击呢?现代个体对货币的反应,主要表现在两个方面:一方面是顺应货币经济的膨胀,即个体体验是其顺应货币经济所主导的现代文化形态或社会生活环境的直接结果;与此相对应的则是个体对货币经济的膨胀表示恐慌,并千方百计试图从中逃逸出去,即个体的现代体验是对货币经济所主导的现代文化形态、现代社会生活之客观逻辑的反弹,是对工具理性化的组织所带给个体的"磨蚀"的一种逃逸和抗拒,它体现了个体力图保持独立个性的努力和要求。此外,货币不仅仅影响了现代个体的生活方式,而且也对现代生活风格产生了很大的影响。货币经济的影响可以从两个方面展开说明:一方面,货币带来

---

① 弗里斯比:《论齐美尔的〈货币哲学〉》,阮殷之译。齐美尔:《金钱、性别、现代生活风格》,顾仁明译,上海:学林出版社2000年版,第200页。

了现代生活风格的改变,并对现代个体产生了极大的负面影响。另一方面,面对货币经济下的生存困境,个体又试图远离货币经济来实现自我的救赎。后者构成了齐美尔著名的现代性救赎策略——距离。齐美尔认为在工业文明导致现代个性沦丧愈演愈烈的趋势下,个体只有远离被物化文明所控制的现代生活,通过与物化现实保持距离,才能抵御物化文明对人性的内在本真的不断侵蚀。

首先,货币导致了现代生活的量化和平均化,生命背后的意义在货币面前日益式微。在现代社会中,从货币的汪洋大海中流出来的东西不再带有任何的自身独特之处。货币夷平了所有事物的独特性,"挖空了事物的核心、特性、特有价值和特点,使毫不相同的事物具有了质的同一性。""事物都以相同的比重在滚滚向前的货币洪流中漂流,全都处于一个水平,仅仅是一个个的大小不同。"[1]事物背后所具有的独特内涵在货币面前黯然失色,生活的终极追求和意义在货币面前惨遭失落,生命的终极目的也最终被这种纯粹的物质手段所掩盖。可以说,货币作为一切价值的公分母,它平均化了所有性质迥异的事物,从而赋予事物前所未有的客观性——一种无风格、无特色、无色彩的单一存在。通过将具

---

[1] 齐美尔:《桥与门》,涯鸿等译,上海:上海三联书店1991年版,第265—266页。

有自我独特性的事物以同一的方式置于相同的平面,货币成了世间所有事物间最可怕的平等化中介。由于货币对事物特性的夷平,不同的事物之间相同的因素仅仅只具有量上的差异。当个体的神经拒绝对任何刺激做出反应时,便带来了现代人自我意识和个人主义的空前膨胀,并使人与人之间的关系变得冷漠无情。此外,现代生活千篇一律的生活方式,导致了个体对事物的微妙差别和独特性,不再能够产生同样细微的感受。齐美尔感叹道:"生活的核心和意义总是一再从我们手边滑落,我们越来越少获得确定无疑的满足,所有的操劳最终毫无价值可言。"[①]

其次,虽然货币带来了个体的极大自由,但这种自由只是一种消极自由。货币转化了传统社会中财产的性质和拥有方式,使个体从与物的实在联系的局限中解放出来。"出钱获得解放的农民,变成赚钱机器的商人,领薪水的公务员,这些人似乎都把个体从种种限制——即与他们的财产或地位的具体状态紧密相关的限制——中解放了出来,但事实上,在这里所举到的这些人身上发生了截然相反的情况。他们用钱交换了个体之自我中具有积极意义的内容,而钱却无

[①] 齐美尔:《金钱、性别、现代生活风格》,顾仁明译,上海:学林出版社2000年版,第8页。

法提供积极的内容。"①可见,货币带来的所谓自由只不过是一种空洞的、无任何内在意义的自由,它只会给个体带来一种无根、无着落的漂浮感,使个体在货币的强大逻辑下迷失,感到虚无和茫然不知所措。现代人的愿望不再是简单的、近在眼前的、用直接行动能够实现的愿望,而是逐渐变得困难、复杂和遥远,以至于需要对手段和设备进行多环节的建设和进行多层次的迂回才能实现。

再次,货币对价值观的改变,最终使货币从手段上升为目的,钱成为现代生活的最终目的,成为个体追逐的终极之物。现代经济的发展和劳动分工的日益复杂,使得某项目标的完成需要越来越多的复杂手段,然而所需要的手段越多,这其中所隐含的危险就越大,以至于到最后个体过分关注手段的运用,而忘记了最终想要实现的目的。对此,齐美尔无奈而又略带讽刺地写道,现代人"所面临的更大的危险是深陷在手段的迷宫之中而不得出,并因此忘记了终极目标为何物。于是,生活所有领域的技术越是人工化,越是有结构,越是相互交织——这根本上意味着单纯手段与工具的系统——它就越来越强烈地被认为是在本质上能令人满足的

---

① 齐美尔:《货币哲学》,陈戎女等译,北京:华夏出版社 2002 年版,第 320 页。

终极目的,而人们不再有能力去探询超乎其上的东西。"[1]由于手段剧增,现代人复杂的生活迫使他们在手段之上建筑手段,直至手段应该服务的真正目标不断地退到意识的地平线上,并最终沉入地平线下。可怕的是,一旦个体只关注作为一种纯粹手段的货币,这种根本上无特色的东西就会变得毫无用处,反而使个体对现代生活彻底失望,产生空虚与无聊。人们一旦实现了金钱这个目的,就会变得无所事事,生活的终极关怀最终从紧握金钱的双手中滑落;金钱一旦成为生活唯一的关注,这种根本上只能作为手段的东西就会变得毫无用处和不能令人满意,毕竟,金钱只是通向最终价值的桥梁,而人最终无法在桥上栖居。可见,货币经济的扩展使得现代性自身呈现出某种内在悖论:一方面是经济高速发展与个体生活的丰富,而另一方面则是个体在货币经济强势下的异化。

面对日益扩张的货币经济,现代个体的都市化生存以及对都市生活内在意义的感受都发生了极大改变。大都市使各种社会生活情形结合在一起,它提供了这样一个社会空间,在其中个体相互依赖而又相互分离。由于大都市是货币交换和劳动分工的集中场合,所以它也催生了一种独特的现

---

[1] 齐美尔:《时尚的哲学》,费勇等译,北京:文化艺术出版社 2001 年版,第104 页。

代生存特性：个体生活风格上的二重性：一方面是理智至上主义和计算性格、无聊的腻烦感和冷漠无情的蔓延，即力求取消个体性，另一方面则是个人主义的高扬，即力求凸显个性。

理智至上是现代个体顺应货币经济的产物。现代人基本上是用脑，而不是用心来做出反应，理智战胜情感已成为现代人交往和行动的依据。理智至上主义是与货币经济的发展紧密联系在一起的，"货币经济与理性操纵一切被内在地联结在一起。在对人对事的态度上，它们都显得务实，而且这种务实态度把一种形式上的公正与冷酷无情相结合。"[①]在现代交往中，理智已战胜情感，并导致了情感在现代社会中的退隐或缺席。理智至上主义最为典型地体现在现代人的工于计算上。现代人并非只有物质世界才必须由计量和盘算的方式来把握，就连悲观主义和乐观主义这样的情感和情绪也一样希望通过计量来确立其价值，甚至现代人的理想就在于计算欢乐和痛苦的数量。"货币经济引起的现实生活中的精确算计与自然科学的理想相一致：将整个世界变成一个算术问题，以数学公式来安置世界的每一部分。货币经济把衡量轻重、计算和数字上的决定，把质的价值转变为量的

---

① 齐美尔：《时尚的哲学》，费勇等译，北京：文化艺术出版社2001年版，第187—188页。

价值充斥在许许多多的人的每一天中。藉金钱的算计性质,一种新的精确性、一种界定同一与差异的确切性、一种在契约和谈判中的毫不含糊性已经渗透到生活里的各种关系中。"①

现代精神变得越来越带有计算性,不仅人与人之间的交往充满着量化的计算公式,就连整个世界也变成了一个可以用量化公式加以计算的数学问题。对此,齐美尔略带伤感地写道:"我们的时代已经完全陷入这样一种精神状态。但是我们的时代正在接近这种状态,而与此相关的现象是:一种纯粹数量的价值,对纯粹计算多少的兴趣正在压倒品质的价值,尽管最终只有后者才能满足我们的需要。"②可见,理智至上使得现代人用脑,而不是用心来思维,理智成为现代人心灵的主宰。而一旦这种理智至上与货币经济结盟,就会使得人们在待人接物上讲求实际、就事论事,凡事都以可计算的标准来衡量。所有的社会关系都被理智和货币化约为一系列简单数字,一切社会关系、社会现象成为可以度量的东西,这正是现代社会、现代经济发展的内在逻辑。日常生活越来越具有计算性,由此带来的后果则是人与人之间距离的

---

① 齐美尔:《时尚的哲学》,费勇等译,北京:文化艺术出版社2001年版,第188—189页。
② 齐美尔:《金钱、性别、现代生活风格》,顾仁明译,上海:学林出版社2000年版,第8页。

产生。

齐美尔从个体的生命感出发,深刻意识到现代社会中理性追求对人的个性及独立精神世界的封杀。因为人们渴求的人生目标——如美好的爱情、神圣的事业——并不是任何时候都能期望或者实现的,而金钱这样的人生目标却是随时可以预期或者追求的。以往,宗教虔诚、对上帝的渴望是人的生活中持续的精神状态;现在,这种持续的精神状态却变成对金钱的渴望和无止境的追求,一切都以金钱为最终旨归,一切价值都以金钱来加以衡量,金钱成了我们这个时代的上帝。现代人正是在这种无止境的金钱追逐中迷失了方向而无法到达理想的彼岸,于是成了栖居在桥上的无家可归之人。理性化过程加速现代社会发展的同时,也让人深深地感到理性的过度扩张导致了人类终极关怀的逐渐失落,个人成了现实目标的追逐者,个人的生命感觉也由此而失去了意义。个体在现代社会中无所适从。在现代社会的每个领域,个体只可能是临时的中心,而不会成为永远的中心。这种无中心的生存质态,是齐美尔笔下的忧郁化生存,也是韦伯意义上的祛魅化生存。

当现代生活变得越来越具有计算性格,当现代人越来越崇尚理智至上主义时,与之相应的另一种倾向也在悄悄地滋生,这便是日益强烈的对现代生活体验的无聊、虚无以及腻烦感。由于货币可以随时地期望和加以追求,个体可以在任何时候,以任何一种方式去追求它,货币因而成了现代社会个体生命中不受任何限制的目标。它毫无特色,却极具诱惑力,它"给现代人的生活提供了持续不断的刺激……给现代生活装上一个无法停转的轮子,它使生活这架机器成为一部'永动机',由此就产生了现代生活常见的骚动不安与狂热不休"①。这种"厌世(世故)态度首先产生于迅速变化以及反差强烈的神经刺激。大都会中理性的增加起初似乎也是源于此。……无限地追求快乐使人变得厌世,因为它使得神经长时间地处于最强烈的反应中,以至于到最后对什么都没有了反应。同样,凭借变化万端与错综矛盾,各种感觉推动如此暴烈的反应,到处野蛮地撕裂神经,以至于它们最后积蓄的力量都耗费殆尽;而如果继续停留在同样的环境里,他们就没有时间积聚新的力量。这样一来,面对带着合适能量的新事件,就会出现不适应。"②当货币以中性、无差别的性格剥夺了所有事物的独特价值、个性与品格后,在永不停息的货币之流中,现代个体就再也感觉不到对象的意义和价值的差别,一切都变得陈旧,变得平庸,变得千篇一律,变得没有任何鲜活感。这使现代生存中的个体心灵深处缺乏某种确定

---

① 齐美尔:《金钱、性别、现代生活风格》,顾仁明译,上海:学林出版社2000年版,第12页。
② 齐美尔:《时尚的哲学》,费勇等译,北京:文化艺术出版社2001年版,第190页。

的东西,并对生活充满了无聊和虚无之感。

如果说虚无和无聊是现代个体顺应货币经济而产生的现代生活性格,它代表了现代个体对外在世界的一种态度,那么冷漠无情则是现代个体相互之间的心理态度。货币使现代生活风格变得越来越平均化,所有诸如计算性格、理智至上、虚无、无聊、冷漠无情等等风格,其最终本质都在于消解现代个体的独特性,使个体在现代社会中以单一的存在出现,成为"单向度人"。然而,货币对现代风格的塑造远不止这么简单,实际上,货币塑造了现代人生存的两栖风格,即一方面取消个体性;另一方面则极力强调自主性。现代生活风格日益使生活变得单一和平面化,个体在现代生存中要实现审美精神和突显审美性,就必须采取一定的策略。这种策略,在齐美尔看来,就是与生活拉开距离,进而在自我的内在精神中实现审美性。在这种对生活的远离中,现代人的另一种生活风格也就逐渐形成:即突显自我,高扬个体主义。

货币对现代生活风格的夷平化和对生存本真的遮蔽,使现代个体的生存成为一种毫无激情的体验,现代社会逐渐成为祛魅的世界,缺失终极意义和形而上的慰藉。"人们被引诱去采用最具有特定倾向的怪异,也就是都市中夸张的癖性、反复无常和矫揉造作,但这些夸张所具有的意义并不在于它们这种行为的内容,而在于它要'与别人不一样'的形式,在于它以惊人方式吸引注意力的那种醒目之中。对许多性格类型来说,为他们保留一点自尊以及占有一席之地的感觉,只有通过别人的注意才能达到。"[1]由于货币主宰的大都市生活中个性被极大地忽视,现代人不得不通过采取一些怪异的方式,甚至极度夸张的行为举止,来凸显自我和表现自我的与众不同。作为文化过度客观化的一种反应,过度的主观主义在现代人身上达到了顶端,现代人不得不在"质"上大做文章,通过标榜自身吸引他人的注意。因此,现代人一次又一次地寻求新的刺激,一方面希望借刺激来抵御都市的平庸与无聊;另一方面,通过进入他人不敢涉足的领域,通过体验刺激的极端生活,借以实现个体主义在现代性生存中的高扬。

现代人形象

现代人是大都市的滋生物,这一形象的最初原型可以追溯到桑巴特的现代人形象。桑巴特区分了两类不同的个体形象:前资本主义人和资本主义人。[2]"资本主义人"后来在舍勒那里被明确表述为"现代人","这一类型自十三世纪末

---

[1] 齐美尔:《时尚的哲学》,费勇等译,北京:文化艺术出版社2001年版,第196页。
[2] 参见桑巴特在《现代资本主义》中的相关论述。李季译,北京:商务印书馆1958年版。

以来逐渐形成,慢慢地进入发达资本主义。"①现代人在波德莱尔笔下被表述为都市浪荡子或游手好闲者。波德莱尔以现代画家居伊为例,阐释了作为浪荡子的现代人形象特征。居伊是生活在人群之中,而又游离于人群之外的漫游者,他"离家外出,却总感到是在自己家里;看看世界,身居世界的中心,却又为世界所不知"②。居伊对人群保存着矛盾的心理:不能融入其中,但又必须保持必要的关系。居伊白天是生活现代性的挖掘者,晚上则是艺术现代性的总结者。沿着波德莱尔的剖析路径,齐美尔对现代性流动空间中现代人形象——"陌生人"和"都市忧郁栖居者"——的生存质态展开了深入剖析。

在齐美尔笔下,陌生人不是"今天来明天走的流浪者,……是今天来并且要停留到明天的那种人"③。陌生人不同于传统意义上的不熟悉的他者,这些人也可能会成为群体中的一员,也可能会继续流浪,他们是"潜在的流浪者"。在这个意义上,陌生人具有跨界的此在性,他们并不属于某个

---

① 舍勒:《舍勒选集》,孙周兴等译,上海:上海三联书店1999年版,第988页。
② 波德莱尔:《1846年的沙龙:波德莱尔美学论文选》,郭宏安译,桂林:广西师范大学出版社2002年版,第422页。
③ 齐美尔:《时尚的哲学》,费勇等译,北京:文化艺术出版社2001年版,第110页。

空间,但却拥有融入这个空间的潜在可能性。"作为成熟的成员,他的位置既在群体之外,又在群体之中。"①一方面,陌生人在我们面前,他离我们很近;另一方面,这个在我们面前的人是从远方来的,他并不属于我们这个群体。

齐美尔对"今天来明天走的流浪者"的陌生人相当感兴趣。维德勒认为,"如果流浪意味着从一个空间上给定的点的解放的话(这是一个与固定相对的观念),那么,陌生人的社会形式则结合了两个特征于一体:陌生人并不是今天来明天走的流浪者,而是今天来并且明天也会停留的人。"②萨洛蒙也认为,陌生人是思想上的冒险者,他们希望能在精神上寻找一个新的家园。"齐美尔的陌生人概念体现出一种矛盾的悖论。……陌生人是熟悉的而又是陌生的,是招人喜欢的而又是招人厌恶的,是受欢迎的而又是受质疑的。"③可以说,陌生人生活在特定的空间中但却没有融入其中,陌生人是特定人群中的异在者,如罗格斯所言,"陌生人作为一个个体,他属于一个群体中的一员,但却与这个群体的关联并不十分

---

① 齐美尔:《时尚的哲学》,费勇等译,北京:文化艺术出版社2001年版,第110—111页。
② A. Vidler, Agoraphobia: Spatial Estrangement in Georg Simmel and Siegfried Kracauer. *New German Critique*. No. 54, Special Issue on Siegfried Kracauer, Autumn, 1991,40
③ A. Salomon, Georg Simmel Reconsidered, *International Journal of Politics, Culture, and Society*. Vol. 8, No. 3, Spring, 1995,372.

密切。这种相对自由使陌生人享受着属于他的独特性:他(她)可以从一个不同的视角(或者说更客观的视角)来审视和观察与他有着关联的群体。"[1]

齐美尔阐释了陌生人的"陌生性"。"陌生性不是由于相异的、不可理解的事物而产生的。相反,当在一种特定关系里,人们感觉到其中的相似性、和谐性、邻近性并非真正是这种特定关系的独特特质:它们是一些更具普遍性的东西,是潜在地遍及同伴与不确定的其他人之间的东西,因此并没有给予这种只是意识到的关系内在的惟一的必然性;此时,就会出现陌生性。"[2]在齐美尔看来,陌生人之所以具有陌生性,是因为他们出现在特定群体面前,但却并非与这个群体中的人员朝夕相处,他们与群体中的个体相识,但却并不熟悉。陌生人与特定群体中的个体保持着一种亦远亦近的距离,或者说保持着一种若即若离的关系。笔者以为,陌生人的陌生性其实并不是他们与我们的相异性,也不是源于我们对他们的"不可理解"或者说"不可熟悉"。相反,陌生性存在于相似性或邻近性之中。陌生性其实也是一种熟悉,只是这些熟悉

---

[1] E. M. Rogers, Georg Simmel's Concept of the Stranger and Intercultural Communication Research. *Communication Theory*. 9:1, February, 1999, 71.

[2] 齐美尔:《时尚的哲学》,费勇等译,北京:文化艺术出版社 2001 年版,第 113—114 页。

的和普遍性的东西是潜在地存在于特定群体与陌生人之间,而这些群体中的个体并没有意识到这种"熟悉"而已。以此来审视齐美尔眼中的陌生人,陌生人是一个潜在的漫游者,有着地域和空间上的来去自由。同时,陌生人的生存境遇,也是现代性进程中那些无家可归、注定四处漂泊的现代人的生存写照。

陌生人是齐美尔现代人形象谱系中的一个特殊群体,表征着现代社会中时空引发的距离因素,而都市人则体现了齐美尔现代人形象谱系中的另一表征:都市忧郁栖居者。齐美尔认为,由于货币文化的发展,"在现代大都市中,有许多这样的职业,既无客观形式,亦乏行动的果断性:如某些种类的代理人、经纪人,他们都是大都市中不确定的人,依靠千差万别,充满机遇色彩的赚钱机会生存。"[1]由于货币经济的发展,齐美尔笔下的现代都市人已被货币文化所量化,现代人的形象在现代社会中已变得相当模糊。现代都市人在生存中想寻求确定的和牢固的本质,然而这些东西早已消解而不复存在。都市人消解了形而上学的本质,在现代都市中已成为流动性的存在。

齐美尔发现,现代都市人的生存体验被日常生活分裂为

---

[1] 齐美尔:《金钱、性别、现代生活风格》,顾仁明译,上海:学林出版社2000年版,第23页。

两个极端:白天忙碌于高度紧张的工作中,晚上则沉迷于刺激的娱乐中。由于白天高强度的劳动,现代都市人在劳动之余渴求精神的放纵和压力的释放,他们在晚上会沉醉于感官的刺激当中。他们排斥所有深刻的内容,也拒绝深度的沉思。他们借助夜晚身体的享乐、感官的愉悦和神经的麻醉来释放白天工作所带来的紧张和压抑。在这个意义上,都市人夜晚的享乐和放纵也可以说是现代性语境下严肃刻板的社会生存的精神层面救赎。齐美尔发现,现代人的心理感受正从感性逐渐走向理性,愉悦和神经的麻痹比其他刺激更值得拥有和享受。物化的现代生存不能再激起现代个体感官的兴奋,现代都市人不得不通过疯狂的消费与娱乐来满足内心的空虚,进而弥补他们在工具理性奴役下片面而单调的生存丰满性的缺失。

现代都市人承载着资本主义物化生存的矛盾与压力,他们沉溺于外在刺激物的感官引诱中,并通过纷繁多样的消费享乐获得暂时的清醒与神经振奋。在都市紧张生存的持续刺激电流的冲击下,现代都市人最终只能根据保存能量的原则自娱自乐。齐美尔给现代都市人贴上"都市忧郁栖居者"标签,并以一种悲情主义的情绪来解读他们。在他看来,都市忧郁栖居者是社会现代性的缩影,也是现代社会生存的隐喻表征。

现代性距离

"距离"作为一个概念,本义指空间或时间上的相隔,但经过齐美尔的创造性界定和解释,"距离"成为一个描述现代性特征的特殊概念,它从许多方面有效地描述并解释了现代性问题。在齐美尔的现代性美学思想中,"距离"是一个相当重要且十分关键的概念。距离不仅仅具有社会学内蕴,而且还具有丰富的美学内蕴。距离作为一个现代性问题,它不仅仅只体现在社会学视域中,同时也体现在审美视域中,也正是如此,齐美尔的美学也被冠以一个独特的名称——社会学美学。

齐美尔指出,在物物交往的前现代社会,人与物之间存在着一种相互依存的关系,但现代性摧毁了人与人、人与物之间的直接性,个体之间的直面交换关系被货币交易所取代,个体与他者及被交换物之间的联系也被瓦解,货币在人与人之间"培育出一种距离,由此它将昔日的人与局部因素之间的亲密联系变得如此相异,以至于今天我可以呆在柏林,接受来自美国铁路、挪威抵押款和非洲金矿的收入"[1]。从齐美尔的话中不难看出,现代性导致了传统距离观的现代

---

[1] 齐美尔:《时尚的哲学》,费勇等译,北京:文化艺术出版社2001年版,第95页。

转变,传统社会对物理距离的依赖在现代社会中逐渐式微。全球化的发展使世界变得越来越小,人类生活的空间也变得越来越广阔,时间与空间也不再像前现代时期那样处于相互支撑中。在这个世界上不再存在天然的边界。无论何时,无论身处何地,我们都不能确信我们一定在某处,"远"与"近"的区分在现代社会中逐渐变得模糊。

问题在于,在物理距离淡化或消失的同时,个体心理上的距离却并没有随着物理距离的淡化而消失,反而在现代性语境中日益凸显出来。现代人越来越感觉到:我们足不出户就可以到世界各地旅游观光。我们可以通过网络,在电脑屏幕上捕获和编辑来自地球另一边的信息。虽然如此,我们在每个地方逗留的时间却不会比一般的游客长久,而这些地方也不足以让我们产生宾至如归的感觉。齐美尔认为,外在的物理距离被征服得越多,现代个体的内在心理距离就会越大。因为内在关系中距离的日益拉大和外在关系中距离的日渐缩小,必然会导致现代人为了凑近那些曾经离他比较远的圈子而越来越远离同他最亲近的圈子。"在这里最遥远的东西离人近了,付出的代价是原初和人亲近的东西越来越遥不可及。"[1]现代社会时空的压缩使得人们能够不断征服那异己的"远方",但物理距离的克服所带来的并不是人与人之间

---

[1] 齐美尔:《货币哲学》,费勇等译,北京:华夏出版社2002年版,第387页。

关系的更为亲密,相反却是人与人之间距离的无限拉大,现代人相互间的感情变得越来越疏远。这种疏远表明,距离已成为一个现代性的问题,成为现代个体日益不可绕过的交际障碍。

齐美尔对现代个体之间距离的加深且越来越缺乏沟通可能性深感忧虑,但同时他又认为,虽然心理距离在现代社会中不断扩延,但对于身处现代性生存中的个体而言,这种距离又必不可少。在齐美尔那里,货币在现代个体之间树立了一道屏障,然而这道屏障对于现代生活却相当重要,"若无这层心理上的距离,大都市交往的彼此拥挤和杂乱无序简直不堪忍受。当代都市文化的商业、职业和社会交往迫使我们跟大量的人有身体上的接触,如果这种社会交往特征的客观化不与一种内心的设防和矜持相伴随的话,神经敏感而紧张的现代人就会全然堕入绝望之中。"[1]可见,成熟的货币经济要么公开地,要么隐蔽地,在个体与个体之间塞入了一种无形的、发挥作用的距离,它对我们现代文化生活中过分的拥挤和摩擦是一种内在的保护与协调。

可以说,大都市的特点就是人与人之间距离感的体验。阿迪蒂认为,对齐美尔而言,现代文化的日益理性化,在其最

---

[1] 齐美尔:《货币哲学》,陈戎女等译,北京:华夏出版社2002年版,第388页。

广泛的意义上,势必会导致社会结构中距离现象的增长。[①]可见,距离既是现代文化日益理性化的必然结果,也是现代个体生存的必要前提,是个体在现代社会中得以保存自身的策略。一方面,生活从各方面向个体提供各种各样的刺激,这些刺激仿佛将人置于一条溪流里,个体几乎不需要自己游泳就能浮动;另一方面,生活由越来越多非个人的以及取代了真正个性色彩和独一无二的东西构成,个体为了保存其最个人的精髓,不得不强烈地呼唤个性和夸大个体因素。因此,现代生活中自我意识的强调,就是通过创造一种与他者的距离来突显自我的独特性,如弗里斯比所言:"对个人内在生活的强调,与齐美尔保护个体性的意图以及后来——随着与对主观文化和客观文化之间必然扩张的裂痕的日趋容忍——重新构建个体性的意图非常吻合。"[②]因此,距离在齐美尔那里成了一种现代性的救赎策略,是社会实用性交往和纠葛过于繁复的结果,是现代个体面对物化现实的必然对策。对此,弗里斯比有着精辟的分析:

> 在极端形式下,随着新鲜或不断变化的印象而来的

---

① J. Arditi, Simmel's Theory of Alienation and the Decline of the Nonrational. *Sociological Theory*. 14. 2. July 1996, 99.
② 弗里斯比:《现代性的碎片》,卢晖临等译,北京:商务印书馆 2003 年版,第 82 页。

诸多感觉的持续轰击,产生了神经衰弱人格,它最终不再能够处理这些纷至沓来的印象和冲击。这导致了在我们自身和我们的社会及物质环境之间创造距离的努力。虽然齐美尔认为这种距离是现代特有的"一种情感特征",但它的"病理学上的变形就是所谓的'广场恐怖症':害怕太近地靠近对象,它是感觉过敏的产物,任何直接的和有力的干扰都造成痛苦"。这是"被现代生活——我们对它已日趋冷漠——的外在性所压抑的现代感觉"的极端形式。城市生活,作为由货币经济导致的社会关系客观化的一种极端形式,要求个体与其社会环境保持一种距离。[1]

齐美尔所言的"心理距离",其实就是"广场恐怖症"及"都市敏感症"的一种极端形式,它表现为一种对周围环境完全冷漠的态度,一种在腻烦生活态度中表现出来的冷漠形式。刘小枫在《现代性社会理论绪论》中对此有着深入的分析:"在齐美尔看来,距离心态最能表征现代人生活的感觉状态:害怕被触及,害怕被卷入。但现代人对于孤独,既难以承受,又不可离弃;即便是异性之间的交往,也只愿建立感性的

---

[1] 弗里斯比:《现代性的碎片》,卢晖临等译,北京:商务印书馆2003年版,第96—97页。

同伴关系,不愿成为一体,不愿进入责任关系。现代社会生活的质态是感觉性的,其实质在于:心理性的浮游不定的孤独个体感觉,如今被视为确定牢固的生活,齐美尔把这种感觉称为'现代美感的个性主义'。"①距离导致个体间的冷漠和相互设防,人与人之间的关系变得相当生疏。然而正是这种心理距离的存在,可以使我们在过于理性化的现代性生存中,获得一块主观性的安全岛,一块秘密的、封闭的隐私领域。因此,距离所带来的个体向内心的退缩,实际上是齐美尔所描述的对于现代性后果的一种抵制策略,这种策略的关键要求个体将外在世界当作内在世界去体验。

可见,"距离"是一个形容主体与客体关系的富有启发性的概念。现代性规划高扬了外在的客观文化,客观文化的发展使工具理性获得了统治性地位。工具理性的横行使现代人由对价值的追求转向对手段的追求,而对手段的过分追求又使得现代社会人与人之间的感情联系变得越来越脆弱,使现代个体之间变得愈来愈难以沟通。由此可见,齐美尔是将距离视为客观文化与主观文化之间的一种二元对立。在这个意义上,距离在齐美尔那里也是反思启蒙现代性的一种审美现代性。此外,距离也是个体面对强大的物质(客观)文化

---

① 刘小枫:《现代性社会理论绪论》,上海:上海三联书店 1998 年版,第 334—335 页。

所采取的一种应对策略。强调与外在客观文化保持一种距离,其实是齐美尔对现代社会的日益客观化所开出的一个药方。成熟的货币经济对现代社会的全面侵入,不可避免地导致个体的内在心灵及自我个性被忽视,个体与社会之间出现了一种紧张:一方面,日益理性化的外在物质世界完全忽略了个体的内在心灵的成长,从而使个体的内在精神生命受到威胁和压制;而另一方面,个体的内在心灵世界又在不断地成长,要力争保持自身的自由与自在。在这种紧张中,现代个体就不得不远离日益发展壮大的客观文化以求自保,"每一天,在任何方面,物质文化的财富正日益增长,而个体思想只能通过进一步疏远此种文化,以缓慢得多的步伐才能丰富自身受教育的形式和内容。"①

客观文化对主观文化的压制使个体的自我日益沦丧,个体遭遇了前所未有的精神困境。一方面是物质财富的不断增长;另一方面是主体精神日益受到前者的排挤与压制。在齐美尔看来,要有效地保持心灵或精神的丰富性和多样性,最有效的策略就是进一步地疏远外在的物化(客观)文化。这种"疏远"就是一种距离的描述,而且是一种动态的描述。"疏远"要求主体远离和摆脱那个日益物化的社会现实,返归

---

① 齐美尔:《货币哲学》,陈戎女等译,北京:华夏出版社2002年版,第363—364页。

自己的主观精神世界。这恰如阿多诺所言,"艺术的社会性主要因为它就站在社会的对立面。……艺术的这种社会性偏离是对特定社会的特定否定。"[1]审美现代性作为启蒙现代性的对立面,它必然要求对工具理性化的物化现实进行批判。这种批判在现代艺术中体现为主体及其艺术必须站在生活的对立面,与生活意识形态保持一定的距离。通过这样一种疏离的距离策略,主体才可以保持自身精神的丰富性和充实性,才可能不被那日益增长的物化世界所征服。笔者以为,齐美尔的方案也许并不是一个积极的行动方案,但却是在特定的现代性条件下,个体所能采取的某种必须的应对策略。

在齐美尔的社会学分析中,一直存在一个美学维度,恰如他自己所言,对生活断片的社会追问不仅仅只是一种伦理学的追问,还是一种美学的追问。[2] 事实上,齐美尔的《货币哲学》存在着丰富的审美理想,正是这种审美理想决定了齐美尔关于现代生活的整个理解。因此,《货币哲学》可以视为一种阐述型美学理论的不朽著作。弗里斯比发现,齐美尔在许多文章中论述了当代审美主义导致个体与现实的距离扩

---

[1] 阿多诺:《美学理论》,王柯平译,成都:四川人民出版社1998年版,第386页。

[2] K. P. Etzkorn, *Georg Simmel, the Conflict in Modern Culture and Other Essays*. New York: Teachers College Press, 1968, 74.

大的趋势,"一方面,现代货币经济以及城市生活导致各种社会关系的客观化,同时,它也导致对一种美学距离的需求。……这样一种美学距离不仅仅表明齐美尔通往研究客体方面的特点,而且也构成了他自己对客观文化所导致的物化的一种回应。"① 维塞也认为,齐美尔的社会学"具有巨大的审美魅力,就这一方面而言,我甚至愿意称这种社会学是唯美家的社会学、文化沙龙的社会学"②。笔者以为,齐美尔的社会学已不再是传统意义上的社会学,而是将关注的重点由社会学转向了美学。在这个意义上,齐美尔美学也不再是传统意义上的美学,而是一种审美感觉学。

现代生活的审美化体现在日常生活的感觉之中,或者可以说,齐美尔的社会学应称为"美学社会学"或者"审美感觉社会学",它强调一种社会分析的美学维度,或者说一种美学视角。可以认为,齐美尔在 19 世纪末 20 世纪初——当时社会学学科还处于萌芽状态——就实现了社会学学科的美学转向。基于这么一种社会分析的审美维度,齐美尔的距离观念就不仅仅局限于社会学层面,而且涉及美学和艺术层面。

---

① D. Frisby, *Sociologyical Impressionism: A Reassessment of Georg Simmel's Social Theory*. London: Heinimann Educational Books Ltd, 1981, 87–88.

② 转引自弗里斯比:《论齐美尔的〈货币哲学〉》,阮殷之译。齐美尔:《金钱、性别、现代生活风格》,顾仁明译,上海:学林出版社 2000 年版,第 232 页。

库珀认为,"距离以及它在社会与文化生活中的意义,是齐美尔社会学思想中一个持续且带有普遍性的主题。"[①]如果说社会学意义上的距离更多是从日常生活与都市心理体验的层面上展开讨论的,那么美学意义上的距离则是从现代生活审美体验的层面上展开的。

在齐美尔看来,距离建构了现代人的审美救赎之路,通过距离,可以实现对日常生活的批判与审美超越。距离不仅是现代个体在都市生活中对自我的不可重复性和独一无二性的强调,它也是现代生活的一种审美维度。齐美尔认为,现代个体只有远离被工具理性控制的现代生活,才能抵御异化文明,最终实现审美救赎。现代个体返回自我的内在心灵,这是现代个体面对物化社会的必要应对策略,也是19世纪以来的个体审美主义思想的核心。现代文化的悲剧带来了客观文化对主观文化的压制,为了保全自我和内在精神生命的丰富性,现代人不得不一步步地疏远外在的物化(客观)文化。通过退回到自我的内在主观世界,个体以自我生命精神的高扬来对抗被货币文化所日益侵蚀的物化世界。

齐美尔认为:"为了体验个别现象的全部细节和它的全部真实,就必须在一定程度上撤离此现象,甚至要对这些现

[①] R. Cooper, Georg Simmel and thetransmission of distance. *Journal of Classical Sociology*, 2010. 69.

象进行一种转化,不再对其应有本质做出纯粹反应,以便从一个更高的视角来重新获得更全部、更深刻的真实。"① 在弗里斯比看来,齐美尔从审美维度阐释距离观念,"这意味着我们可以通过与客体保持距离来欣赏它们。在其中,我们所欣赏的客体'变成了一种沉思的客体,通过保留的或远离的——而不是接触——姿态面对客体,我们从中获得了愉悦'。……它创造了对真实存在的客体及其实用性的'审美冷漠',我们对客体的欣赏'仅仅作为一种距离、抽象和纯化的不断增加的结果,才得以实现'。"② "'现代人们对碎片、单一印象、警句、象征和粗糙的艺术风格的生动体验和欣赏',所有这些都是与客体保持一定距离的结果。"③ 可以说,齐美尔试图通过审美的方式,在个体与其周遭的现实世界中搭建一座和解的桥梁,进而弥合自启蒙以来的启蒙现代性和审美现代性的鸿沟,最终构建现代人自我救赎的审美超越之路。

---

① G. Simmel, Tendencies in German Life and Thought since 1870. D. Frisby, *Georg Simmel: Critical Assessments*, Vol. I. London: Rouotledge, 1994, 24.

② D. Frisby, *Sociological Impressionism: A Reassessment of Georg Simmel's Social Theory*. London: Biddles Ltd, 1981, 88.

③ D. Frisby, *Simmel and Since: Essays on Georg Simmel's Social Theory*. London: Routledge, 1992, 138.

艺术距离

在齐美尔笔下,艺术距离是艺术家面对现实的某种艺术反应或艺术心理策略,也是现代主义艺术的内在特征。艺术距离体现为"现实—艺术家—艺术品"三者间的动态关系,展示了艺术家及其作品与周遭世界的复杂关系。

齐美尔认为,从不同的距离层面去体验周遭世界,可以建构我们观看世界的多重性理解。在这种多重性理解中,艺术可以营造我们与对象"远"与"近"的不同距离关系。"一方面艺术使我们离现实更近,艺术使现实独特的最深层的含义与我们发生了一种更为直接的关系;艺术向我们揭示了隐藏在外部世界冰冷的陌生性背后的存在之灵魂性,通过这种灵魂性使存在与人相关,为人所理解。"[①]在齐美尔看来,艺术可以让我们距离日常生活更近,但这种接近并非个体与现实生活物理距离的接近,而是指艺术可以通过特定的个体灵魂对世界的感知,将现实世界的深层意蕴展示出来。

艺术除了使个体距离日常生活更近外,同时也有着疏远个体与周遭世界的功能。齐美尔写道:"一切艺术还产生了疏远事物的直接性;艺术使刺激的具体性消退,在我们与艺

[①] 齐美尔:《货币哲学》,陈戎女等译,北京:华夏出版社 2002 年版,第 384 页。

术刺激之间拉起了一层纱,仿佛笼罩在远山上淡蓝色的细细薄雾。"[1]如果说接近意味着个体对现存世界内蕴的挖掘的话,那么疏远则指日常生活直接性的取消和艺术本身审美形式的突显。在艺术与现实的这两种距离关系上,齐美尔认为无论是接近还是疏远,都能产生艺术与现实的距离,使艺术与现实之间存在阐释的多向度张力,如约莫斯蒂迪特所言:"在齐美尔那里,个体通过距离而感知外在事物,另一方面,距离也将主体与客体分离开来。"[2]当然,齐美尔更关注艺术对日常生活世界的疏远。在齐美尔眼中,距离是现代性的基本表征,也是现代主义艺术的突出特征。

齐美尔指出,现代艺术距离不仅体现为外在的距离,即艺术与周遭世界的关系,同时也体现为艺术的内在距离,即艺术自身特性的呈现,而这主要体现为艺术风格和艺术形式。齐美尔认为,风格产生于我们与事物间的不同距离,距离不同,艺术风格也就不同。风格就像遮掩在事物身上的一层轻纱,它使我们无法明确清晰地洞察对象,无法直面对象的丰富性和完满性,而是与对象存在着一段距离。艺术风格的存在就是距离的一种呈现,"艺术风格的内在价值来源于

---

[1] 齐美尔:《货币哲学》,陈戎女等译,北京:华夏出版社2002年版,第384页。

[2] O. Rammstedt, On Simmel's Aesthetics: Argumentation in Journal Jugend, 1897－1906. *Theory, Culture & Society.* 8.3, 1991, 133.

物我之间制造的或远或近的距离。"[①]齐美尔发现,主体的审美感受力不同,加上艺术风格的不同,会让主体与对象间产生不同的距离感。在齐美尔看来,风格在个体与日常生活之间营造了一种距离,但这种距离并没有使我们远离日常生活,反而会让我们以另一种方式更接近日常生活。艺术风格使日常生活披上一种面纱,这层屏障使主体可以在一定的距离之外实现对客体的真正认知和反思。

风格是现代艺术距离的表征,但在齐美尔笔下又可以是艺术中距离的消弭,这涉及齐美尔思想中的两个艺术原则:风格原则和艺术原则。齐美尔在《货币哲学》中讨论了两种现代生活风格:平均化和个性化。齐美尔认为,与两种生活风格相对应,艺术领域也存在风格原则和艺术原则。风格原则强调平均化,意味着艺术在鉴赏上的普遍性,它是一个超越个性的独特性概念。艺术原则强调个性化,意味着艺术品在风格上的独特性、个体性和唯一性。齐美尔认为,有一些作品之所以有着特殊的魅力,不是因为它们有着固定的风格,反而是因为它们风格的独一无二性。

艺术内在距离除了体现在艺术风格上,也体现在艺术形式上。形式是一个贯穿于齐美尔整体思想的线索性概念,在

[①] D. Frisby, *Simmel and Since: Essays on Georg Simmel's Social Theory*. London: Rouotledge, 1992, 138.

研究康德的美学思想时,齐美尔强调对美的欣赏仅仅与事物的外在形式相关,而不用考虑事物背后的真实与内涵。[①] 齐美尔在研究大都市时尚、冒险等生存体验时,更是将形式作为阐释现代日常生活的重要审美维度。虽然齐美尔在形式概念的使用上受康德的影响颇深,但他并没有完全局限于康德,而是将康德的审美自律性形式概念转换成了一个社会学美学概念。齐美尔将形式与生命以及社会的整体进程结合在一起,并在形式中灌注审美情思,希望以此来平衡货币文化所导致的文化客观化事实。在齐美尔看来,对形式的审美诉求,可以展现个体的原始情绪和审美欲求,从而克服文化的客观化所引发的个体与日常生活的物化距离。

在齐美尔看来,文化的发展源于各个时期不同形式的更新,而形式的更新可以实现对生命精神和原始情绪的呈现,但现代文化发展的动力不再是形式的更替,而是对形式的革命性抛弃。齐美尔将形式革命的表征视为"无形式"或"反形式",认为这一现状源于生命的内在冲动。在齐美尔看来,古典的艺术形式已不能满足当下艺术中的精神生命冲动,所以生命必须要找到新的突破点使内在的精神生命绽放光彩。齐美尔以德国现代表现主义为例展开了具体分析。现代表

[①] D. Frisby, The Aesthetics of Modern Life: Simmel's Interpretation. D. Frisby, *Georg Simmel: Critical Assessments*, Vol. Ⅲ. London: Rouotledge, 1994, 51.

现主义艺术既不同于自然艺术家那样强调对外在生活世界的模仿,也不同于印象主义那样强调个人主义与外部因素的混合。表现主义画家在画布上实际传达出的形状是内有生活的直接沉淀,表现主义艺术家的创作激情虽然也来自外在世界,但艺术成功的最大原因在于艺术家的内在精神或内在创造性。在表现主义艺术家眼中,艺术不是为了模仿或表现现实,艺术应当表现内在精神或原始情绪。

齐美尔对表现主义艺术的分析并非只是评述这一艺术风格,而是希望以此揭示现代艺术中的距离现象。深入剖析齐美尔的理论,其间隐藏着深刻的悖论。一方面,就艺术史的发展来说,现代艺术的形式创新带来了主体与对象之间的距离;但另一方面,这种距离也是一种距离的消失。因为在齐美尔看来,虽然现代艺术形式相对于古典艺术形式来说,具有革命性的颠覆与创新,但关键在于现代艺术的形式中熔铸的是艺术家主体的内在精神与原始情绪。按理说,这种与主体精神相结合的形式,相对于传统艺术作为模仿外在现实载体的形式而言,更应当让观者接近作品。因为当观者进入到艺术作品的鉴赏时,并不是在与外在于他们的异己形象展开对话,而是在直面他们自我的内在灵魂或精神世界。在这个意义上,一方面,现代艺术带来了作品与接受主体之间的距离;另一方面,现代艺术也拉近了作品与创作主体之间的距离。

游戏、时尚与冒险

齐美尔对现代性碎片的关注是为了突出"距离"这一现代生活的审美维度,在他笔下,游戏、时尚和冒险等活动都是现代性距离体验的审美形式,它们创造了个体与生活的距离,是个体对日常生活刻板模式的审美体验与超越。

齐美尔说:"在我们称之为'社会'的这个群体内部发展出,或者说由这个群体产生出,一种相对应于艺术和游戏的社会学上的特殊结构;它们从现实中提取自身的形式,又将现实撇在身后。"[①]在齐美尔看来,社会交往类似于游戏,或者说,社会交往在某种意义上就是一种游戏。根据齐美尔的理论,艺术与游戏都来自现实,然而它们又都远离了现实,以某种方式撇开了现实。这是艺术与游戏的典型特征。齐美尔将社会交往与艺术,尤其是游戏相比拟,认为在现实中,社交大多都是由交际之外的其他目的造成的,或者社交就是用来掩盖这些实际目的的。因此,社会交往就是对交往的游戏形式的享受,社交是一场游戏,如社交中的"卖弄风情"和"交谈"。

齐美尔认为,两性之间的卖弄风情在社会交往中表现得

---

① 齐美尔:《时尚的哲学》,费勇等译,北京:文化艺术出版社 2001 年版,第 15 页。

最淋漓尽致,也是最充满艺术性的游戏形式。齐美尔写道:"假设说两性之间这种挑逗是关乎接受或拒绝,那么同样的,卖弄风情的精髓所在就是巧妙地暗示拒绝或接受。挑拨起男性的目光但又不让他轻易得手,断然拒绝他但又不让他绝望。风情万种的女子让男子始终在边缘徘徊:他认为她并非遥不可及,但他们的关系又始终无法深入;她的一举一动总在是与否之间游走,让一切悬而未决。"[1]女子的卖弄风情,实际上是在同意的暗示和拒绝的暗示之间来回摆动:一方面,吸引男子的目光,但又不让他轻易得手;另一方面,与男子保持一种若即若离的关系,冷淡他的同时又不让他完全失去希望。这样,卖弄风情就与艺术具有了相通性:艺术从一开始就超然于现实,并通过一种回避现实的观察角度,摆脱了现实;卖弄风情虽然也只是和现实玩玩,但仅仅就是玩玩现实而已。

与卖弄风情一样,交谈也是社交中普遍存在的一种游戏。齐美尔指出,关于社交性究竟在什么程度上使社交的抽象形式变成现实,可以最终在交谈这种日常生活中最广泛的交流工具中得到揭示。"在社交性中,交谈本身就是目的;在纯粹应酬性的谈话中,谈话内容仅仅是一个互相激发的必不

---

[1] 齐美尔:《时尚的哲学》,费勇等译,北京:文化艺术出版社2001年版,第22页。

可少的工具,这在交流现场不难感受到。……为了使这种游戏在纯形式上保持自足的状态,内容必须始终被排除在外;一旦对话涉及生意上的事,那么它就不再是纯社交的了;一旦论证真理成为对话的目的,那么其性质也就相应改变。它作为社交性交谈的性质受到了干扰,就好像对话变成了一场严肃的争论,那么它也就不再是本来意义上的交谈了。"[1]齐美尔认为,在社交中,人们是为了交谈而交谈,社交本身成了目的。社会交往的参与者体验到的是一种类似美学愉悦的快乐,因为他们是主观地对事物的外观和形式作出反应,内心怀着一种和谐的情感,社会交往是把交往与交往过程中的纯粹本质,作为一种价值感和审美感从社会生活现实中提炼出来。

在齐美尔对卖弄风情和交谈的论述中,他的分析重点落在对社交的纯形式的关注上。齐美尔认为,"使艺术和游戏连接起来的东西现在出现在两者与社会交往的相似之中。游戏从生活现实中获取了它的伟大的基本主题,追逐与狡诈;体力与脑力的证实;竞争与对机会的依赖,以及对自己不能左右的强力的偏好。游戏摆脱了构成生活严肃性的实质性东西,但却获得了它的令人愉悦的轻松和使其区别于纯娱

---

[1] 齐美尔:《时尚的哲学》,费勇等译,北京:文化艺术出版社2001年版,第23页。

乐的象征性意义。"[①]个体在这两种社交活动中的具体关系和谈话内容已经被过滤掉,剩下的只是一种日常生活的纯粹的游戏形式,一种对生活的游戏态度。这种游戏的态度,也就是一种去除了事物的内在功利性的审美态度。在游戏中,游戏的参与者们体验的是一种类似于审美愉悦的快感,因为他们是主观地对事物的形式、事物的外在形象以及事物的纯粹外观作出反应。

正是如此,卖弄风情和交谈在齐美尔那里淡化了原本的社会学意义,而具有了一种美学意义。齐美尔把对社交游戏的纯形式的关注与对生活的审美体验联系起来,认为这些纯形式游戏实际上是一种个体的审美救赎。"如果现在我们想象一下我们单纯以'人类',以我们本来的面目——卸下一切重负,停止焦虑,那些玷污我们生活纯粹性的不平等现象也一并消失——进入社交性的话,那是因为现代生活已经不堪客观内容和物质要求的重负。在社交圈中摆脱掉这种重荷,我们相信自己能够返璞归真,找回最自然最本真的自我。"[②]齐美尔认为,这些纯形式所建构的王国实际上是生活中的一种审美王国,它拯救了个体的心智,并保护个体灵魂不受现

[①] 转引自格罗瑙:《趣味社会学》,向建华译,南京:南京大学出版社2002年版,第171页。

[②] 齐美尔:《时尚的哲学》,费勇等译,北京:文化艺术出版社2001年版,第20页。

实生活的侵蚀。在这种注重形式的审美游戏之中,个休既摆脱了生活,同时又能把握生活背后的深刻性。

齐美尔关注游戏背后的社会审美效应,他将社交和卖弄风情作为社会的游戏形式,使原本是社会学范畴的社交和卖弄风情成为具有审美内蕴的美学范畴。与康德以及席勒的游戏观相比,齐美尔的游戏理论多了一层对个体生存关注的现实感,内含了一种对现实的体验主义式的审美维度。格罗瑙在比较齐美尔与伽达默尔的游戏概念时也指出了齐美尔游戏观的现实审美性:"伽达默尔试图通过强调游戏和艺术品的社会形式之间的相似性保留美学体验的客观性,而齐美尔试图在所有游戏,或者更有根据和更有雄心地说,在所有社会结构或社交形式中寻找出一个美学维度。"[1]因此,游戏作为日常生活的一种距离体验,实际上构成了齐美尔现代生活审美的一个重要维度。

齐美尔在《时尚心理的社会学研究》(1895年)、《时尚》(1904年)、《时尚的哲学》(1905年)三篇文章中对时尚进行了精辟而深刻的论述。在齐美尔看来,时尚是社会生活和个体行为方式的体现。齐美尔强调了时尚的二重性特征:从众性和区分性。时尚是对特定行为的模仿,"时尚具有这样的

---

[1] 格罗瑙:《趣味社会学》,向建华译,南京:南京大学出版社2002年版,第184页。

特殊功能,它能够诱导每个人都效仿他人所走的路,并可以把多数人的行为归结于单一的典范模式;同时,时尚又是求得分化需要的反映,即要求与他人不同,要富于变化和体现差别性。"[1]对齐美尔而言,时尚一方面把众多不同阶层的个体聚集起来,另一方面又使不同阶层得以区分开来,时尚是将从众性和区分性统一起来的生活方式。

齐美尔强调时尚的模仿性,认为模仿对时尚的产生具有很大作用。首先,模仿的简易性为时尚的产生与流行创造了条件。能够称其为时尚的东西,必须有多数人对某一行为进行模仿。模仿是一种简单的社会行为,也正是模仿的简易性为时尚的流行创造了条件。其次,时尚通过模仿对个体的生存起到保护作用。"时尚是既定模式的模仿,它满足了社会调适的需要;它把个人引向每个人都在行进的道路,它提供一种把个人行为变成样板的普遍性规则。"[2]在时尚的模仿中,有了群体作为依托,个体就有了身份认同感与生活安全感。个体希望在模仿的过程中找到属于自己的位置,以寻求一种社会认同。

齐美尔看到了个体在追逐时尚时的矛盾心理:树异于

---

[1] D. N. Levine, *Georg Simmel: On Individuality and Social Forms*, Chicago: The University of Chicago Press, 1971, 296.

[2] 齐美尔:《时尚的哲学》,费勇等译,北京:文化艺术出版社 2001 年版,第72 页。

人,又求同于人。时尚不仅使不同的个体相互同化,也使不同的个体相互区分。社会上层想树异于大众,往往最先采用尚未被人采用的新事物和新时尚。社会下层则渴望接近或成为社会上层人物,因而想方设法模仿上层阶级的时尚。当社会上层的时尚被下层效仿成为流行时,他们又不得不寻找新的时尚来重新突显自我。一旦上层创造出了新时尚,就会又成为下层追逐的对象,时尚也就在这样的循环中不断地更迭。时尚是一个既矛盾又一致的心理过程,一方面意味着相同阶级的联合,但另一方面又意味着不同阶级间的界限被不断地打破。

齐美尔对时尚的分析揭示了现代性的一个重要的美学特征:现代生活的"转瞬即逝性"或现代生活的"当下的现时感",齐美尔曾写道:"时尚的发展壮大导致的是它自己的死亡,因为它的发展壮大即它的广泛流行抵消了它的独特性。因此,它在被普遍接受与因这种普遍接受而导致的其自身意义的毁灭之间摇晃,时尚在限制中显现独特魅力,它具有开始与结束同时发生的魅力、新奇的同时也是刹那的魅惑。"[1]时尚意味着一旦形成就立即过时,成为时尚也就意味着死亡。时尚永远只存在于即将展开而未普遍展开的状态中,这

---

[1] 齐美尔:《时尚的哲学》,费勇等译,北京:文化艺术出版社 2001 年版,第 76—77 页。

是一个很特殊的区间。少数人的同一行为不能称为时尚,因为时尚是一种从众行为,它要通过大量的复制而使自己得以存活;而一旦时尚流行开来,也不能再称其为时尚,它缺乏了新颖性,只能视为一种流行。时尚最主要的特征是它的迅速而持续的变化,在某种意义上,时尚就是变化。[1] 戴维斯认为,如果说时尚就是流行的模式,那我们也必须把重心放在我们使用这个术语时经常联想到的"变化"的意义上。[2]

齐美尔对时尚的分析,还揭示出时尚的另一重审美现代性意义:通过与现实生活保持一种动态的距离关系来实现个体的审美救赎。在齐美尔看来,时尚作为个体的一种现代生活的审美体验,它是对现代性矛盾的一种解决。时尚是把相对的两种力量结合起来的一种社会构造。时尚带来新奇,新奇的魅力就是一种纯粹的审美上的愉悦。时尚是社会生活的一种娱乐形式。时尚的区分性使个体与生活拉开距离,进而实现对平庸生活的成功颠覆。同时,时尚也是理解日常生活审美化的一个极佳个案。时尚的审美价值在于这是一种在主观性与客观性之间,在个体性与超个人的集体性之间的审美追逐游戏。

---

[1] E. Wilsom, *Adorned in Dreams: Fashion and Modernity*, London: Virago, 1985, 3.
[2] F. Davis, *Fashion, Culture and Identity*, Chicago: The University of Chicago Press, 1992, 14.

时尚所具有的这种动态平衡实际上是对康德思想的一种继承和发展。时尚概念可以说是源于康德的趣味概念,而时尚的二重性就是对康德审美趣味的二律悖反的一种批判的继承。康德在《判断力批判》中提出了著名的趣味(美感)二律悖反性:趣味既是私人性的,又是普遍性的;既是个人性的,又是社会性的;既是主观的,又是客观的。趣味要求得到人们共享,但是完全基于个人主观判断的美感,又怎么能适合于其他人呢?康德最后的解决方案是提出一个"共通感"概念,认为趣味的个体有效性在共通感的前提下可以实现普遍有效性。然而,"共通感"概念只是一个预设的前提,它所提供的仅仅是一个"应当在内"的判断,"它不是说,每个人将会与我们的判断协和一致,而是说,每个人应当与此协调一致。"[1]而且就康德本人而言,他也承认这种"应当与此协调一致"只是一个理念上的存在,而并不具备必然性。

康德所纠结的趣味悖论问题可以在时尚中找到可行的解决方案。在时尚运作中,趣味合理地展现了一个以个体性和社会性并存的存在。时尚强调了趣味的社会共同性,同时也可以容纳个人趣味的独特性和主观性。在时尚中,个体可以表达他对于现代社会共同趣味标准的拥护,同时也不用否定内心的个体趣味标准或个性自由。格罗瑙认为,时尚是把

---

[1] 康德:《判断力批判》,邓晓芒译,北京:人民出版社2002年版,第76页。

相对的两种力量结合起来的一种社会构造:一方面,时尚带来新奇,新奇的魅力就是一种纯粹的个体审美感受上的愉悦;另一方面,时尚也是社会生活的一种娱乐形式。[1] 由此,趣味判断的二律悖反在时尚中得到了解决:时尚既满足了对普遍性的追求,又满足了个体的独特需求,如坎贝尔所言,"理论家们在18世纪无法解决的趣味问题,在时尚中却获得了事实上的解决方案。这意味着,我们应当如何寻找一个具有普适性的审美标准,既可以满足人们的真实喜好,同时又可以继续成为个体理想的基础?"[2]在时尚的审美建构中,二律悖反的消除具有日常基础:时尚以个人趣味的主观偏好为基础,同时又形成了具有社会普遍性的行为标准。

冒险作为现代人的另一种距离体验,齐美尔认为它是现代性生存中的一种极端体验,是个体生命力的高扬和内在生命冲动的显现。齐美尔认为,人是作为天生的越境者而存在的,"我们虽然知道我们在我们的特性与思维、我们的积极价值与消极价值、我们的意志与力量上是受限制的,——但同时我们又具有越过限制眺望、越过限制前进的能力,而且也

---

[1] 格罗瑙:《趣味社会学》,向建华译,南京:南京大学出版社2002年版,第23页。

[2] C. Campbell, *The Romantic Ethic and the Spirit of Modern Consumerism*. Oxford and New York: Basil Blackwell, 1987, 157.

知道那样做是必须的。"①个体一方面意识到自己在一个边界内,同时又能自觉地努力去超越这个边界,实现自我的越境。个体"能够用甚至非常棘手的方式设想一种我们简直无法想象的世界现实——这就是精神生命的自我超越,它不仅仅是对个别界限,而且是对精神生命界限的突破和超越,是一种自我超验的行为,这种行为首先确定内在的——不管是真正的还是可能的,反正都一样——界限"②。生命只有在这种自身超验的存在中,才表现为不折不扣的、活生生的东西。人与神以及动物有着根本的不同,这种不同就在于人可以超越自我的边界,"人的存在原本就是'越境者',我们能够一面在一个边界内,一面又自觉地认识到这点并能超越这个边界性。"③

人作为天生的越境者,必须不断地打破束缚自我生存的边界,对现实中连续性自我进行不断的超越。这种超越的现代性体验的最佳形式,在齐美尔看来就是冒险。冒险是对个体现实连续性的一种超越:"冒险的最一般形式是它从生活

---

① 转引自北川东子:《齐美尔》,赵玉婷译,石家庄:河北教育出版社2002年版,第154页。
② 齐美尔:《生命直观》,刁承俊译,北京:生活·读书·新知三联书店2003年版,第5—6页。
③ 北川东子:《齐美尔》,赵玉婷译,石家庄:河北教育出版社2002年版,第154页。

的连续性中突然消失或离去",它是个体现实存在的一部分,"直接和那些居于它之前与尾随它的其他部分相邻接",同时又是对这种连续性的中断和超越,"就其最深的意义而言,它发生在这种生活的日常连续性之外。"[1]瓦德勒也认为,"冒险是一段插曲,它与日常生活之间存在着距离,因为它是对习以为常的当下性和因果关系的一种远离。……冒险的一个最显著特征就在于它是对生活连续性的某些方面的超越,这也是正常生活与冒险的区别。"[2]

相对于日常生活的连续性,冒险远远地位于日常生活的外部,它是对日常生活整体连续性和个体生存边界的超越。个体要超越的边界并不是一个事实的真实存在,它是虚构的,是被反复界定的。对此,北川东子将其表述为"我们的边界的构成性错位可能性与错位",[3]即个体在所有方向上都有边界,同时又在任何方向都没边界。边界只是虚构性的存在,与其说它是一个概念性的,还不如说是经验性的范畴。由于边界的虚构性或想象性特征,"冒险与构成了生活整体

---

[1] 齐美尔:《时尚的哲学》,费勇等译,北京:文化艺术出版社2001年版,第204页。

[2] H. Wardle, Jamaican Adventures: Simmel, Subjectivity and Extraterritoriality in the Caribbean. *Journal of the Roral Anthropological Institute*, 5.4, 1999, 525.

[3] 北川东子:《齐美尔》,赵玉婷译,石家庄:河北教育出版社2002年版,第157页。

的生活延续部分缺乏彼此的相互渗透,冒险像生活中的岛屿,根据它自己的力量决定它的开端与结束,而不是像大陆的一部分,根据那些相邻区域的力量来决定。"① 阿克勒诺德认为,齐美尔讨论冒险,"是将它视为一种具有特殊性质的体验,它与我们的其他体验全然不同,并且,它脱离了我们生活的连续性。……冒险的开端与结束由其自身所规定,冒险的内容单独决定了冒险在什么地方开始和在什么地方结束。"② 由于生命意志不能停留在日常存在之中,它要不断地生成与创造,要不断地跨越边界,不断地超越现实存在,实现了对自我的否定与重新审视。

对生存空间的超越只是冒险的一个方面,它的另一个方面是对连续性时间存在的中断。冒险既不由任何消逝的过去所决定,也不受无法预期的未来所影响。冒险关注的是个体存在的当下性与即时性,"冒险的气氛是绝对的当下性——生活过程突然之间跳跃至过去和未来全然无涉的一点;因此冒险把生活聚集在自身之中,其强度之猛烈,往往使该事件本身的实质性变得无关紧要。""冒险的魅力,从来都不在于它所给予我们的实质——而且如果换一种形式,说不

---

① 齐美尔:《时尚的哲学》,费勇等译,北京:文化艺术出版社2001年版,第206页。
② C. D. Axelrod, Toward an Appriciation of Simmel's Fragmentary Style. *The Sociology Quarterly*, 18.2, 1977, 192.

定它根本不会引人注意——而在于体验它的冒险形式。在于就在那一瞬间,它让我们感受到了猛烈的、刺激的生活。"[1] 冒险对不可预期的、即将到来的刺激和紧张充满着期待和兴奋感。不是征服的结果,而是征服的过程,是生活的此在体验让冒险家心向神往。冒险使现代个体在现存的生活之中感受到一种超生活,感受到现存生活之上的一种更高的生活的统合性,也正是在这种超生活中,现代个体在越境的他者体验中获得精神上的自我救赎。

齐美尔所关注的游戏、时尚、冒险等现代人热衷的现代生活体验都有一个共同的特征,即它们虽然存在于这个世界之中,但却超越于那单调、理性、压抑、窒息的日常生活之外。这种从现实的当下存在中的逃逸,其实就是强调与现实生活保持一种距离,从而远距离地实现对现实生活的审美体验。在游戏、时尚和冒险中,齐美尔实际上高扬了个体与物化日常生活遭遇时的主动性。个体的内在世界返回了自身,从而抗拒并超越了外在物化的世界。外在世界由于远离了个体的各种功利性关系,得以成为纯粹的审美对象,进入个体的内在世界,成为个体内在心理结构的一部分。

---

[1] 齐美尔:《时尚的哲学》,费勇等译,北京:文化艺术出版社2001年版,第215—216页。

齐美尔之后

齐美尔的影响相当深远,在很多思想家的文字中都能发现他的影子,如卢卡奇、克拉考尔、布洛赫、阿多诺、本雅明、哈贝马斯、美国的芝加哥学派成员等,都从齐美尔那里获得过不少养料。

1901到1910年,卢卡奇在齐美尔门下学习,作为齐美尔的得意门生,卢卡奇深受齐美尔影响,而最终又与齐美尔分道扬镳。对齐美尔给予他的影响,卢卡奇多次自认不讳:"引起我兴趣的是作为'社会学家'的马克思:我通过在很大程度上由齐美尔和马克斯·韦伯决定的方法论眼镜去观察他。"[1]"我对于所谓'精神科学'方法的态度丝毫没有改变,这种态度基本上是来自青年时代阅读狄尔泰、齐美尔、韦伯著作所留下的种种印象。"[2]在1918年纪念齐美尔的文章中,卢卡奇评价齐美尔为印象主义哲学家,认为齐美尔的思想具有至真至纯的哲学精神,能敏锐地感知和深入被人们所忽视的日常生活现实内部,并从中分析出哲学层面的永恒的形式联系。[3]

---

[1] 卢卡奇:《历史和阶级意识》,杜章智译,北京:商务印书馆1992年版,第2页。

[2] 卢卡奇:《卢卡奇早期文选》,张亮等译,南京:南京大学出版社2004年版,序言。

[3] Lukacs. Georg Simmel. D. Frisby, *Georg Simmel:Critical Assessments*, Vol. 1. London:Routledge, 1994, 98 - 101.

安德森发现,卢卡奇思想中关于"物化"的论述有着齐美尔的深刻印记。① 琼斯则发现,卢卡奇对科学的批判思想也来源于齐美尔,"正是齐美尔和柏格森的怀旧的生命哲学使得卢卡奇忽略马克思对科学的赞扬以及他所强调的工业化对反异化的必要性。"② 因为齐美尔的影响,卢卡奇早期思想也往往被批评者们指责为从根本上破坏了马克思主义本身的科学性论断,甚至是歪曲了马克思主义的资本主义论断。

卢卡奇后期以批判齐美尔为主,这可能与卢卡奇后期思想转向马克思主义有着很大的关系。卢卡奇在《理性的毁灭》中将齐美尔的观点总结为主观主义、非理性主义、相对主义和虚无主义等。③ 卢卡奇将齐美尔的哲学归根于帝国主义时代寄生主义的代表,认为齐美尔的文化哲学依附于资本主义社会的表面,但却带有明显的浪漫主义色彩。在卢卡奇看来,齐美尔的哲学思想中有着贵族式的审美主义立场,他所分析的只是日常生活中的一些最直接和抽象的关系范畴,而忽视了现象背后的经济事实和社会内容。卢卡奇极为排斥齐美尔身上的审美主义立场,认为齐美尔的审美主义立场消

---

① 安德森:《西方马克思主义探讨》,高铦等译,北京:人民出版社1981年版,第73—74页。
② 转引自索珀:《人道主义与反人道主义》,廖申白等译,北京:华夏出版社2011年版,第45页。
③ 卢卡奇:《理性的毁灭》,王玖兴等译,济南:山东人民出版社1997年版,第390—393页。

解了历史维度、阶级维度和现实维度,并且缺乏现实批判立场。在卢卡奇眼中,齐美尔虽然揭示了资本主义生活形式的内在性及其不合理性,但齐美尔体现出一种玩世不恭的态度,这显然是一种颓废的妥协立场。

克拉考尔也是齐美尔的学生,曾考虑选择齐美尔为导师完成博士论文的写作,后来这个考虑由于某些原因而没能实现。克拉考尔曾明确承认:"通往现实世界的大门是齐美尔最先为我们打开的。"①克拉考尔关于现代性的分析受到齐美尔的启发很多,他曾于1919年左右撰写《齐美尔:阐释我们时代精神生活的贡献》,但此书稿后来没有出版。弗里斯比认为,克拉考尔"对侦探小说、白领阶层的研究以及其他20年代的研究,明显追随齐美尔的路向,力图挖掘个别现象中的精微意义,把握社会现象的意义整体性。这一研究方式必须假定现象间有精微细致的相互关联。克拉考尔显然欣赏齐美尔尝试揭示极为不同的现象之间本质的相互关联"②。在弗里斯比的研究中,虽然克拉考尔早期作品中的现代性主题与韦伯相关,而且他的论述中也隐藏着对工具理性与理性化社会现实的批判,这一主题与批判性路径同样可以在齐美

---

① 弗里斯比:《现代性的碎片》,卢晖临等译,北京:商务印书馆2003年版,第13页。
② 弗里斯比:《论齐美尔的〈货币哲学〉》。齐美尔:《金钱、性别、现代生活风格》,顾仁明译,上海:学林出版社2000年版,第223页。

尔的《货币哲学》中找到痕迹和源头。

克拉考尔与齐美尔在剖析现实世界时有着共同的主题，克拉考尔的空间社会学分析是建立在齐美尔的方法论指导基础上的。韦德勒写道："作为齐美尔的学生，克拉考尔被齐美尔空间社会学的课程所吸引，特别是如何运用空间形式去理解疏远的分析上。"[①]后来克拉考尔日益远离齐美尔，并批评齐美尔的思想带有典型的景观主义或印象主义色彩，其思想立场和观察视角始终飘移不定，并且不断转换视野，很难持续依附于某一核心观念的稳定性。此外，克拉考尔对齐美尔关于现代性的诸多分析也不认同，在他看来，齐美尔对现实碎片的体验超越了现代生活的历史语境，使得对流动的、偶然的、稍纵即逝的现代性体验变成对一种僵化的表面现象之间相互关系的体验。在克拉考尔看来，齐美尔将艺术实体化的做法，是一种乌托邦的审美理想，它以一种虚幻的现实代替了活生生的社会现实。

布洛赫1908年到1911年居住在柏林，结识了齐美尔并与其成为好友。布洛赫在与齐美尔相交的期间里，开始关注那些微不足道的现实（并未停留在现实主义上），并以一种不

---

① A. Vidler, Agoraphobia: Spatial Estrangement in Georg Simmel and Siegfried Kracauer. *New German Critique*, *Special Issue on Siegfried Kracauer*. No. 54, Autumn, 1991, 42.

断增长的强烈责任感密切注视着现实之间的联系。① 这种对日常生活现实表面现象的关注,无疑有着齐美尔审美印象主义的影子。经齐美尔介绍,布洛赫于1911年左右与卢卡奇相识,精神文化上的相通使卢卡奇与布洛赫持续了大约十年左右的友谊。在布洛赫与卢卡奇交往的这十年间,两人都对齐美尔的思想有着很大兴趣,并撰文对齐美尔的思想展开过评述。布洛赫和卢卡奇都对资本主义展开了批判,两人都承认资本主义社会带来了现代人的异化和人性的分裂,只不过卢卡奇将人性的救赎寄寓于艺术的总体性上,而布洛赫则质疑卢卡奇的总体性观念,认为这是一种非现实的总体性,他更希望通过艺术的碎片性来救赎人性碎片化了的社会,这种思考显然更接近齐美尔的救赎路径。

本雅明与齐美尔并没有什么直接接触,但齐美尔对本雅明产生了影响却是一个不争的事实。斯卡夫的研究中曾提及米茨科的《齐美尔与本雅明》一文,认为米茨科在这篇论文中构建了齐美尔与本雅明关联的具体细节,并展示了本雅明在社会、经济、文化和艺术等领域对齐美尔思想的延续和继承。② 本雅明在研究波德莱尔及其笔下的19世纪巴黎时,多次援

---

① 布洛赫:《自我介绍》,张慎译。《德国哲学》编委会:《德国哲学论文集》第14辑,1995年,第237页。
② L. A. Scaff, review of "Walter Benjamin und Georg Simmel". *Contemporary Sociology: A Journal of Reviews*. 2012, 351-352.

引齐美尔关于都市现代性体验的论述。在宏大的"拱廊街计划"中,本雅明对现代性理论做出重大贡献的韦伯只字不提,甚至也很少提到马克思,但齐美尔却是一个频频被引述的名字。应当说,本雅明与齐美尔共享着日常生活的现代性,他们都关注现代文化的现象学及其批判。斯卡夫发现,"浪荡子、搜集家、追求时尚者、消费者和陌生人等现代人形象,令齐美尔和本雅明都相当着迷。"[1]本雅明在"拱廊街计划"中所论及的现代性社会体验中,最重要的就是对现代个体神经衰弱以及大城市居民和顾客的体验。与齐美尔一样,本雅明也将现代性分析的出发点归之于碎片化景观。本雅明关于韵味和震惊的二元范畴与齐美尔关于艺术品与工艺品的二元范畴也存在着某种对应关系。本雅明在分析现代时尚与商品的新奇时,曾引述过齐美尔论及时尚的论文,他对现代性新奇的分析在某种程度上从齐美尔那里汲取了灵感。齐美尔对现代性的剖析基于特定的空间架构,并明确指出空间背景对人类互动之社会重要性。后来,社会空间图景成为本雅明分析游手好闲者和拱廊街关系、资产阶级居室和商品的空间分布关系的关键。在《现代性的碎片》的导言中,弗里斯比认为本雅明在《德国悲剧的起源》中从齐美尔的《歌德》中获

---

[1] L. A. Scaff, review of "Walter Benjamin und Georg Simmel". *Contemporary Sociology: A Journal of Reviews*. 2012, 352.

得了"起源"这一极其重要的概念。

相对于以上学者,阿多诺受齐美尔的影响则不是那么明显。阿多诺所提出的"星丛"概念,所阐释的物化概念,事实上都有着齐美尔和卢卡奇思想的影子。阿多诺写道:"如果商品通常都是由交换价值和使用价值合成的,那么纯粹的使用价值,即在完全资本主义化的社会中必须保持其幻觉的纯粹的使用价值必然被纯粹的交换价值所取代,而这种交换价值也正好以交换价值的身份欺骗性地接掌了使用价值的功能。"[1]在这里,交换价值取代了使用价值,事实上也就是齐美尔所说的货币取消了所有事物的独特性。

由于阿多诺在西方思想史上的影响,他对齐美尔的批判对于齐美尔思想的被遮蔽无疑产生了重要的影响。阿多诺将齐美尔的哲学定义为"森林和草原形而上学",认为齐美尔的哲学没有具体的研究对象。在阿多诺看来,齐美尔哲学中的美学维度原则上具有积极意义,但齐美尔无疑也将这一美学维度夸张化和纯粹化了。正是由于这个原因,阿多诺批评齐美尔的文化理论相对于他的美学诉求而言显得逊色和苍白,其文化哲学思想只是一种表象化的过时之物,而无法接触和解决当下人们所面临的现实问题。阿多诺认为,齐美尔

---

[1] T. W. Adorno, On the Fetish—Character in Music and the Regression of Listening. *The Essential Frankfurt School Reader*: Urizen Books. 1978, 279.

强调了某种不真实的、人工的成分,但却忽略或省略了一种真正的理论,而且,他所考察的19世纪的现代日常生活历史的宏大规划也仅仅只是停留于乌托邦层面,或者说停留于魔术和实证主义的交叉路口而无法实现。虽然阿多诺对齐美尔的很多思想颇有非议,但他非常欣赏齐美尔的小品文风,认为"齐美尔正是在心理主义的观念论大行其道的时代,将哲学拉回到面向具体对象的运动的第一人"[①]。笔者以为,虽然阿多诺对齐美尔往往持一种批判态度,但他与齐美尔也有不少共同的关注主题,如他们都关注社会分工制度对艺术的影响,都关注生命哲学背后的深刻主题,都期望通过对生命个别现象的研究探讨社会的总体性意义。

齐美尔带着形而上学悲情去剖析与体验现代性的日常生活,他的审美立场源于两种彼此关联的心态:形而上学的悲情主义和远离物化现实的距离心态。在这两种心态的交织中,远离物化现实可以让主体退回内在世界,远距离地审视和批判日常生活的不合理性,而形而上学的悲情主义则让齐美尔在现代性景观碎片中展开印象主义的审美解剖。在齐美尔眼中,印象主义的生活方式最容易在现代大都市里找到适合其发展的土壤,因为现代大都市的外部生活环境,特

---

① 转引自北川东子:《齐美尔》,赵玉婷译,石家庄:河北教育出版社2002年版,第43页。

别适合用来解读大多数人的印象主义生存,而齐美尔就是这样一个印象主义者。

齐美尔对社会基本问题的处理是基于货币经济的审美文化批判,这与马克思的政治经济学批判是不同的。北川东子认为,虽然齐美尔的影响力足够大,"尽管现代哲学巨人们在年轻的时代都从齐美尔那里获得了开启哲学圣殿的钥匙,但是对于和齐美尔共同奋斗的哲学领域究竟发生了什么问题,这些光彩的证人们,却丝毫没有触及。他们异口同声地对齐美尔进行了这样的评价,即,齐美尔是某种过渡现象,是从19世纪到20世纪对于时代和思想变动起桥梁作用的人物,因而,最终也只能是必须克服的思想形态而已。"[1]正是齐美尔与马克思的分歧,使他曾经的忠实粉丝,最终都跑到了马克思主义的阵营中去了。即便如此,齐美尔作为一种文化过渡现象在德国思想界有着相当重要的意义,而德国现代哲学正是由于越过了齐美尔这座桥梁而达到一个新阶段。

---

[1] 北川东子:《齐美尔》,赵玉婷译,石家庄:河北教育出版社2002年版,第11页。

《生命直观》导读

《生命直观:先验论四章》是齐美尔1918年完成的压卷之作,共四章。除了第一章"生命之超越"是新写的内容外,其他三章内容收入此书时虽然有修改和完善,但均在1910年至1916年期间发表过。齐美尔通过第一章"生命之超验"整合了全书内容,并对生命范畴提出了自己的理解,认为生命包括流动的外在形式和静止的内在精神,生命是"额外生命"和"超越生命"的统一体。本书是对《生命直观》的导读,但绝不限于《生命直观》一书,它涉及齐美尔其他著述中关于生命哲学和生命美学的相关论述。通过导读,本书力图呈现作为生命哲学家或生命美学家的齐美尔画像。

第一章 生命之超验

"生命之超验"是《生命直观》一书的总论,奠定了整本书的主题和基调。在本章中,齐美尔主要讨论先验论的生命概念,以及生命的界限及其超越思想。齐美尔认为,生命具有两种类型:额外生命和超越生命。额外生命是生命对自我当前所限定形式的超越,是附加于生命形式之上的东西;超越生命是生命精神层面的体现,它摆脱和超越了生命的具体形式,转向了外在之物,如宗教、艺术和科学等都可以看作是超越生命的体现。在讨论生命概念及其界限的基础上,齐美尔提出生命与形式的矛盾冲突论,区分了主观文化与客观文化,认为现代文化的悲剧源于主观文化与客观文化的对立与冲突。

一、生命的界限及其超越

叔本华和尼采都关注生命主题,叔本华高度礼赞生命意志,认为生命是意志的体现。尼采强调权力意志和超人哲学,试图通过生命的身体感来重新估量和阐释一切价值。齐美尔对叔本华和尼采的生命哲学思想有着深入的研究,可以说在某种程度上继承了他们的思想。他曾高度评价尼采,认为他"不具有特别超验的气质,而是具有一种面向生命、历史和道德的倾向"[①]。总体来看,齐美尔对生命持一种尼采式的乐观态度,但他的作品整体上却弥漫着叔本华式的悲观主义情绪。

---

① 齐美尔:《叔本华与尼采:一组演讲》,莫光华译,上海:上海译文出版社2006年版,第177页。

齐美尔生命哲学研究的主旨是寻求生命的本质和意义。"生命的意义是什么？它纯粹作为生命的价值是什么？只有这第一个问题解决了，才能对知识和道德、自我和理性、艺术和上帝、幸福和痛苦进行探索。它的答案决定一切。"[①]齐美尔认为生命是永恒的奔流不息的进程，个体只是生命永恒流动中的一个横截面。生命是所有连续性时刻的总和，是一个统一体，是一种绝对的连续性，其中没有碎片或部分的组合。生命在任何时候都以不同的形式表现为一个整体，生命在永恒流动中呈现其本质、意义和价值。生命必须与具体的实践场景相结合才能够被理解和揭示，生命的形而上学意义必须经由生命现实才能被把握。在分析伦勃朗的绘画艺术时，齐美尔指出，"生命的每一个瞬间都是整个生命的全部，它的稳定的流动——这正是它的独特形式——只有在分别升起的浪潮的最高点时才具有它的现实性。每一个当下时刻都是由此前的整个生命历程所决定的，是此前所有时刻的高潮；因此，生命中的每一瞬间都是主体的整体生命真实存在的形式。"[②]

在《生命直观》开篇，齐美尔指出，生命是活生生的东西，

---

① 齐美尔：《现代人与宗教》，曹卫东等译，北京：中国人民大学出版社2003年版，第29页。

② G. Simmel, *Rembrand*: *An Essay in the Philosophy of Art*. New York and London: Routledge, 2005, 6.

无时不在实现对本身界限的超越。界限在齐美尔那里并不是相对明确的,可以指规定生命的事物,也可以指将生命划分为某个阶段的事件,甚至生命本身也可以是界限。"处于自身本性与行为的各种范围内的人们,每时每刻都置身于两条界线之间。……为了使我们随时随地都有界限,我们自己也就成了界限。"[1]"自身本性"就是指生命的永恒流动性进程,生命时刻处于界限的规定和约束之中,并以自我独特的内容和形式而存在。个体作为生命进程中某个阶段的主体,具有相应的强调和色彩,并且在生命的时间序列中占有一定的份额和位置。齐美尔指出,生命主体不仅能了解自身的知与不知,还能知晓世界的包罗万象的知。从生命的感觉、经验、行为、思想等内容出发,"都会有一个系列往两个方向、往这些方向的两极延伸开去;这样,内容本身也就参与了在它那里相遇并为它所限制的两个系列式方向的每一方。"[2]这些既限制主体同时又被主体所限制的方向,形成了主体生命进程的坐标系统。个体生命的每个部分和每个内容,都可以通过这个坐标系统获得确定。生命时刻处于两条界限之间,这两条界限像坐标一般决定着生命在世界中的位置或地位。

---

[1] 齐美尔:《生命直观》,刁承俊译,北京:生活·读书·新知三联书店2003年版,第1页。

[2] 齐美尔:《生命直观》,刁承俊译,北京:生活·读书·新知三联书店2003年版,第1页。

生命的不同内容和形式,以及对内容和形式进行限定的外在界限确定了生命的不同形态和位置,使生命彰显其复杂性,也更具可塑性。当生命主体意识到自身存在的界限时,也正是生命的超验性发生之时。齐美尔对生命自身的界限进行了规定,认为界限的特点在于它既是限定,同时也是无限定。"有两种规定,这就是:界限无限制,因为它的存在与我们现有的世界地位一致——然而任何界限又都有限制,因为任何一种界限原则上都可以进行改动、延长和伸展——这两种规定就是统一的生命行为的分离。"[1]在这里,生命界限有两个层面的规定:首先,界限因为与我们自身的世界位置一致,所以不受限定;其次,界限原则上可以被改变、拉长和伸展,因而又是受限定的。生命界限体现出悖论性的两极:任何界限都有限制;界限无限制。但事实上这两者并不矛盾。就前者而言,界限的限制是指个体生命在现实世界中生存位置的确定;就后者而言,界限无限制是指生命的超越性,即生命界限的被打破,个体的生存位置会随着界限的打破而发生改变。齐美尔否定了界限的固定性,界限可以理解为不固定甚至根本没有终极界限的两极。生命因为对界限的突破而具有超越性和多种可能。在具体的生命活动中,我们意

---

[1] 齐美尔:《生命直观》,刁承俊译,北京:生活·读书·新知三联书店2003年版,第2页。

识到自身的局限性,并且把自身置于这些局限中,并且超越了这些局限性。因此,界限的两极规定体现了生命活动的统一与分离,体现了生命过程的局限性和超越性。精神生命运动的无限性在于对界限的超越,在生命的超越中,生命成其为真正的生命形式。

齐美尔强调,生命的超验也是生命的一种自我超越行为。精神生命只有在自身超验的行为中,才能表现为真正的鲜活对象。在生命的自我超越中,个体可以获得由于平时的局限性而无法达到的认识。"我们沿着某些方向超越了自己所具有的天然存在的范围,也就是说超越了我们全部组织和我们想象世界之间的调整能力。"[1]"我们能够用甚至非常棘手的方式设想一种我们简直无法想象的世界现实——这就是精神生命的自我超越,它不仅是对个别界限,而且是对精神生命界限的突破和超越,是一种自我超验的行为,这种行为首先确定内在的——不管是真正的还是可能的,反正都一样——界限。"[2]齐美尔强调生命主体的自我意识性,认为当生命主体一旦意识到自我存在的界限,那么也就是生命的超验性产生之时,而这种超验性正是对生命自身所意识到的界

---

[1] 齐美尔:《生命直观》,刁承俊译,北京:生活・读书・新知三联书店2003年版,第5页。

[2] 齐美尔:《生命直观》,刁承俊译,北京:生活・读书・新知三联书店2003年版,第5—6页。

限的超越。生命只有通过不断地运动,超越自身界限,生命才是活生生的东西,才是真正的生命,生命的独特性和具体性才真正可能,生命才具有真正的意义。

齐美尔阐释了生命界限理解的出发点:时间,进而讨论了现实、过去和未来等概念及其关系,试图通过生命与时间之间的互动来把握生命的意义。齐美尔指出,现实这个概念具有逻辑上的合理性与准确性。现实是一个时间的点,意味着时间的长度,是对接过去与未来的瞬间。时间不存在于现实中,现实也并不是时间性的东西,虽然现实依附于现代这个时间段,但时间概念只是用在现实的内容中。此外,过去与未来根据自身与个体的各种"现代"(政治的、文化的或地质史的)关系,也具有不同的时间范围。"过去所经历的事情作为记忆存留在我们脑海里。但它并非永恒的内容,它在我们的意识中要受到时间的约束。这样,它就不像机械论和因果律所观察的那样,完完全全转化为效果,而是当代现实生命的领域退回到所经历的事情上去。"[1]齐美尔指出,过去通过"概念与形体的具体化"和"记忆力"两种方式出现在生命的现代中。通过前者,主体生命过去的概念与形体超越了它们产生的瞬间,甚至成为一种永恒;通过后者,主体生命的过

---

[1] 齐美尔:《生命直观》,刁承俊译,北京:生活·读书·新知三联书店 2003年版,第8页。

去成了现代生命的原因,同时其内容极有可能转化为现代生命。生命的现在包含着部分过去,它们以融合的方式与生命的现在发生关系。凭借记忆力,生命的过去保留部分生命经历进入现在,使过去的经历在现实生命中保持相对稳定性。

针对现在与未来的关系,齐美尔指出,在现在与未来之间区分界限也是不现实的,因为在划出这样一条界限时,"我们同时居于该界线的此岸和彼岸。"[1]在齐美尔看来,未来与现在也没有明确的界限,现代个体生活在一个属于未来,又属于现在的边境区域内。虽然未来如同过去一样,处在一个飘浮不定的点上,但未来并非遥不可知的一个点,而是现在生命过程的直接延伸。现在不同于过去和未来,因为现在是真实的当下发生的时间性生命体验,与记忆连接的过去和与期待连接的未来都是在现在的现实时间里进行的。过去可以通过记忆力进入未来,而现在直接就通向未来。生命的超越在于打破界限,处于界限上的生命因而既属于现在也属于未来。

生命划分为现在、过去和未来,这三者的彼此关联构成生命的连续性特质。现在形成生命的当下体验,过去与记忆连接,未来与期待连接。生命的现实并非现在,生命过程的

---

[1] 齐美尔:《生命直观》,刁承俊译,北京:生活·读书·新知三联书店2003年版,第8页。

连续性使生命的过去确实进入了现在,同时也使现在确实进入了未来。现在是一个处于交接和连接中的当下时间,它使过去、现在和未来形成一致性和可持续性,同时也使现实生命摆脱了过去和未来的束缚。过去凭借记忆方式呈现于现实生命中,不可以还原。未来作为一种愿景,是可以期待的生命时间。因此,个体需要摆脱现在的生命时间限定,拓展生命的意识界限,将自身置于过去与未来的时间线轴中,使生命的三个阶段实现连接和沟通,构建生命的永恒之流。"只有生命才沿着两个方向超越其他任何一种现实的永恒的现代点,而且也只有这样才能单独意识到时间的范围,也就是时间。假如我们有理由而且也不得不坚持现代的概念和事实的话,那么,生命这一本质形象就意味着它作为现代生命在不断超越自我。"[①]生命的意义在于超验性,如果说存在于现代的自我是精神生命的意识内容的个性形式展现,那么对生命个性形式的突破和跨越,突破作为现代的生命自然,连接现在、过去和未来三个阶段,就是"生命之超验"的本质内涵。

齐美尔强调,生命作为整体的连续体,个体只是生命之流的一个过程,只是这个连续体中的一个点。"我们把生命

---

① 齐美尔:《生命直观》,刁承俊译,北京:生活·读书·新知三联书店 2003 年版,第 10 页。

想象成一股贯穿世世代代的洪流。只不过这些承担者(就是说,并非他们具有生命,而是他们即生命)都是些个人,即自成一体、自成中心、相互成为鲜明对照的人。生命之流一泻而过,或者说得更确切些:作为个体在奔流着。这样,它就会在这些个体当中的每一个个体身上积聚起来,会变成一种十分明确的形式。"①也就是说,个体只是生命过程的形式体现,个体与超越自我(当下性与连续性)之间既矛盾又相互依存,既互为目标又互为始点。在生命过程中,过去就是现在,未来也是现在。对个体现实形式的不满,促使生命的个体形式转向未来,这是生命进程的普遍性或必然性。

生命具有内在的超验性,生命运动是一种超越。生命运动是主体的超越行为,同时也是对主体自身的超越行为。"生命既是不间断的奔流,同时也是一种在它的载体和内容中自成一体的东西,一种围绕中心点形成的东西,一种具有个体特色的东西。所以从另一个方向来看,它往往也是一种无限制的、不断超越局限性的形象——这就是形成它本质的结构。"②不断地超越现实自我,是生命的内在本质。超越是内在的,超越自身是生命的原初力。因此,生命的自我超越

---

① 齐美尔:《生命直观》,刁承俊译,北京:生活·读书·新知三联书店2003年版,第10页。
② 齐美尔:《生命直观》,刁承俊译,北京:生活·读书·新知三联书店2003年版,第11页。

有着自身的矛盾性。一方面,生命的承载者是独立的个体;另一方面,生命又是超越个体的持续奔涌之流。既超越自我又受限于自我,既自我强化又不断地自我否定,生命进程是连续性和暂时性的统一。

生命运动过程给充满具体内容的生命本质提供轮廓或形式,而生命的本质结构就在于它对自我形式的超越。齐美尔强调生命主体的自我意识,认为自我意识是生命精神的原始现象,自我超越是生命本质的最基本范畴。自我超越不仅可以与现实的自我做比较,去了解自己;同时也可以把现实的自我当作一个他者进行评判。"因为主体和对象在这里都相同,所以这个自我既能够不断地超越自己,却又能够停留在自己身上。"①对生命进程而言,超验是内在性的,超越自我因而成为生命最核心的本质。因为具有超越自我的生命最高意识,我们可以超越现实中相对性的绝对物。齐美尔认为,在生命的自我超越中,绝对性与相对性的对立会消解,生命进程中曾有的矛盾也会化解和平息。"这既稳定又多变,既打下烙印又在发展,既已经成型又在突破形式,既顽固坚持又在急速前进,既受到束缚又自由自在,既在主观性中盘旋,又在客观上超越万物,超越自我——所有这些对立都只

---

① 齐美尔:《生命直观》,刁承俊译,北京:生活·读书·新知三联书店2003年版,第12页。

不过是些分解,是那个先验事实的衍射:生命只要超越这些矛盾,也就是超越自我。"①

生命形成世界的本源,它并非一个实体,而是一种永恒奔流的冲动,是生命精神对生命形式的不断自我超越。"生命从绝对意义上来讲,是那种既包括相对意义的自我,也包括彼此之间相对对立的东西,或者是那种能够发展成为生命之经验现象的东西。正因为如此,生命本身的超验也就成为建立和突破它的范围的一致行动,成为它那绝对化的性格——这一性格非常抽象地分解成各自独立的对立面。"②齐美尔援引叔本华和尼采的生命哲学思想,认为叔本华的生命意志强调的是生命的无限连续性,而尼采的权力意志强调生命过程中形式的个性化。

齐美尔指出,死亡也是生命的一种形式,是生命对自我的一种超越形式。"如果说虽然死亡一开始就寓于生命之中,那么,就连这种情况也可以说成是生命的自我超越。"③死亡从一开始就与生命有着内在的关联,死亡并非是对生命的令人不快的预言。生命的存在与死亡紧密相关,在生命的每

---

① 齐美尔:《生命直观》,刁承俊译,北京:生活·读书·新知三联书店2003年版,第12页。
② 齐美尔:《生命直观》,刁承俊译,北京:生活·读书·新知三联书店2003年版,第16—17页。
③ 齐美尔:《生命直观》,刁承俊译,北京:生活·读书·新知三联书店2003年版,第17页。

时每刻,个体都在走向死亡,都是将死之人。死亡对于生命的意义在于:死亡规定和塑造着个体的生命,死亡是生命的创造者,也是生命形式的终结者。由于生命是超越个体形式的存在,生命的价值也体现在对生与死对立性的超越中。死亡是个体的必经阶段,个体必然自己担负起自己的死亡。死亡来临时刻的不确定性,反而激发个体对生存的渴望,使个体即使知道自己最终必然走向死亡,也仍然可以忍受死亡,努力探求生命的意义。

形式对生命的限制,与康德的形式内涵有着相似性,强调的是个体感受或思维层面对生命精神的认知限制。齐美尔受康德的形式概念影响较深,他强调形式对生命的限制,但又认为这种限制并非僵化或固化的,而仅仅只是形式界限的不断更迭。生命的内容冲动通过外在形式表现出来,但又不会局限或固化于某一个形式中,生命进程在超越内容的同时也在超越形式。

二、额外生命与多于生命

在齐美尔的生命哲学思想中,生命有两个相互补充的定义:额外生命与多于生命。额外生命和多于生命都是生命的存在,是生命的基本现实。额外生命是生命物理层面的自我超越;多于生命是生命意义层面的自我超越。生命在物理层面创造了额外生命;在精神文化层面则创造了多于生命。额外生命与多于生命是生命概念的本质,也是理解齐美尔生命哲学思想的关键。

额外生命是生命过程中偶然吸收,附加于生命运动之中的东西。生命运动在它的每个时刻和每个阶段,都会吸收一些新东西,并把它们转化为自己的生命,从而有着比生命的暂时性形式要多得多的内容。"生命不管其绝对尺度是什么,都只有在它是额外生命时才存在;一般来说,只要存在生命,就会生育出生动活泼的东西来,因为生理上的自我保存就是不断生育新的东西:这并非生命在别的职能之外行使的一种职能,而是因为它这样做了,所以才成为生命。"[1]额外生命是生命过程的连续性形式,"伸向生命"和"伸向虚无"都会形成额外生命,甚至死亡也是额外生命的一种形式体现。额外生命"是在某次行动中保存下来并不断增强的生命,所以同时也是在某次行动中保存下来并不断衰落的生命"[2]。

笔者以为,额外生命其实就是生命本身在界限上的一种突破,是生命在形式结构限制范围内的超越性体现。齐美尔实际上强调的是生命在某一阶段的形式呈现,包括"多于"和"少于"这两个相对性的意义。因此,前文所讨论的界限概

---

[1] 齐美尔:《生命直观》,刁承俊译,北京:生活·读书·新知三联书店2003年版,第17页。

[2] 齐美尔:《生命直观》,刁承俊译,北京:生活·读书·新知三联书店2003年版,第17页。

念,是理解额外生命超越行为的关键。个体是天生的越界者,现实生命的内在要求就是超越自我的界限。边界并非不可跨越,任何一种边界和形式都可以被超越,在额外生命的运动过程中,生命超越了自我的边界和形式。生命之流永不休止,超越是在流动性的生命范围内或者说生命持续存在范围内的自我超越。生命的超越是在生命内在进程中的自我超越,形式作为边界的一种,帮助生命自我定位以及辨别事物的既定秩序。可以说,额外生命是生命存在状态的生成和变化,生命时刻处于自身的孕育和改变中。生命只要是存在,它就处于不断地生成、发展和变化中。生命对存在状态的改变就形成了额外生命,任何生命的存在都是以额外生命的方式存在和运动。额外生命不仅包括生命存在状态的增长,同时也包括存在状态的衰亡。生命的生长和死亡是生命在两个方向上的延伸、超越和自我扬弃。

额外生命是生命本身直接的、不可避免的本质,是生命对自我当前所限定的形式的超越,是生命形式之中所附加的东西。如果说额外生命是生命的物质性存在,那多于生命则是生命的精神性存在。齐美尔认为,生命存在于形式中,但又不可能以一种形式存在,而是不断地实现形式的自我超越和更迭。生命不仅从自己内部,还超出自身从外部丰富生命内容。生命具有比自身内容更多的东西,这就是多于生命。"这种多于生命同超验密不可分,它就是精神生命的本质。

这种本质仅仅意味着:生命绝非仅仅是生命——虽然它也并非别的什么东西,而作为更为广泛、极其广泛的概念,也就是说作为绝对生命,包括更为狭隘的意义与没有生命的内容之间的相对对立。"[1]在这个意义上,多于生命是生命精神层面的体现。多于生命并非限于生命的内在自我形式,它转向了外在的物,是对逻辑上独立的生命之外的实物内容层面的超越,是生命意义层面的超越。

对额外生命的追求,创造出艺术、科学和宗教等精神、价值或意义层面的存在形式。这些形式以具体的物为载体,将主体意识与生命所表征的世界意义联系起来,进而实现形而上的精神世界与形而下的现实世界的连接。多于生命是创造性生命之外的存在,是具有自身意义与规律的他者,个体在每一种生命过程中都可以感觉到多于生命的存在。"它比各种指定的内容更丰富,它超越各种内容,它不仅从自身出发,而且还同时从外部、从自身之外来注视各种内容,并在它成为符合逻辑的内容提要的本质时,具有各种内容。我们既置身于这种内容之中,同时也超出它的范围之外;在把这一内容——而绝不是把所规定的东西——纳入生命的形式中

---

[1] 齐美尔:《生命直观》,刁承俊译,北京:生活·读书·新知三联书店2003年版,第20页。

时,我们当然也就有比这一内容更多的东西了。"①

生命是永不停息的洪流,有着滚滚向前、不可遏制的生命冲动。生命确定了自我的形式界限,以此来确证自我,但同时又通过对界限的突破来实现生命过程的永恒冲动和变动发展。生命过程是不断超越自我的洪流,生命在超越中确定自己的本质,这个超越和确定自我本质的过程就体现为额外生命和多于生命。前者是生命在运动中所吸引的东西,它内化于形式中,体现在生命的个体层面;后者是形而上的精神物化产品,是对生命形式的超越,体现在生命的非个体层面。生命永远表现为额外生命与多于生命的相互补充,生命"不断超越生命来世的界限,并在这种超越中具有自己特有的本质。与此同时,它也在这种超验中进行着找到生命之定义的试验,即保持生命个性形式的完美性的试验,但这样做,只是为了使这种形式在连续过程中得以突破"。②

三、生命与形式的冲突

从生命的自我超越出发,齐美尔阐释了连续性的生命进程与固化的形式之间的内在矛盾。齐美尔多次谈到现代文

---

① 齐美尔:《生命直观》,刁承俊译,北京:生活·读书·新知三联书店2003年版,第19—20页。

② 齐美尔:《生命直观》,刁承俊译,北京:生活·读书·新知三联书店2003年版,第22页。

化与古典文化之间的差别及其变迁,在他看来,随着文化从古典到现代的变迁,个体和社会之间的古典式和谐关系被打碎了,个体性越来越严重地被社会的群体压力所制约。不仅如此,随着经济的迅速发展,科学技术与知识的膨胀,传统意义上的精神文化受到极大的压抑,物化现象变为普遍的社会现实,一种客体的物质文化正在压倒主体的精神文化。文化的和谐被打破,进而产生了文化的矛盾与对立冲突,出现了文化的悲剧现象。齐美尔对文化的矛盾与冲突进行了详细而富有见地的论述,认为形式与生命的对抗,呈现出生命的独特风格,而文化悲剧的实质就在于生命与形式的二元对抗。

在齐美尔的理论中,文化是由生命与形式构成的整体存在,是本真的内在精神与外在的有机形式的融合。生命是文化内蕴的精神,是文化发展与变迁的最终动力,而形式是承载生命的框架,即具有一定风格的文化的外化,它包括艺术作品、宗教作品、科学作品、法律作品等。生命和形式的对抗在齐美尔那里有时又被描述为内容和形式的对立,对此,他有着形象的阐释:形式是界限,它需要用左邻右舍来衬托,它通过一个现实的或者想象的中心把一个范围固定下来。内容或过程如同永远涌流的队伍一样在环顾着这个中心。也正是这个中心,给那个范围提供了一个避免在洪流中土崩瓦解的立足点。

齐美尔认为,生命冲动不断地超越自我,生命是一个不断生成、运动而又自我超越的过程。生命的演变需要借助一定的形式,通过外在的形式表征出来。生命的本质决定了生命的外在形式,然而生命永恒的流动使其不满足于任何形式,必然要求新的形式代替旧的形式。形式具有一定的界限,生命则力图冲破形式的固定界限,生命与形式因而处于永恒的二元冲突与对立中。生命与形式是齐美尔生命哲学理论中的核心主题,他在不同的论著中反复重申了这个主题。在《现代文化的矛盾》中,齐美尔写道:

  一旦生命进程超越纯粹的生物层面,向着精神层面迈进,并由精神层面进入到文化层面,一个内在的矛盾便会出现。整个文化的进化,就是处理这个矛盾的发展、解决和再出现的历史。我们所说的文化,是由生活的创造性动力创造的具有某种表现和认知形式的艺术品。这些艺术品汲取了生命的流动性,并赋予生命以形式与内容、范围与秩序。……生命进程的这些产物的一个独特本质,在于它们从一诞生就具有属于其自我的某种固定形式,而这些形式不断与生命的狂热节奏(它的沉浮,永恒地更新,不断地分化与组合)相分离。这些形式是富有创造力的生命之舟,虽然生命很快会超越它,但它能确保形式自身能很快地与生命相脱离与融合。

这些形式有自我的逻辑与法则,有自我的意义,能从赋予其生命的灵魂动力的脱离和独立中获得恢复力。这些形式在产生的那一瞬间,也许是完全适合生命的,但随着生命的不断演化,它们会变得僵化,并从生命中脱离出来,与生命相敌对。①

在讨论伦勃朗时,齐美尔写道:

某种程度上——理想的或现实的——存在固定的形式,任何一种形式在生命创造或显示它们时,都只是持续很短的时间。然而,我们称之为生命的东西只存在于一种形式和另一种形式的转换运动中,并且仅仅存在于将一种(形式)转换为另一种形式的区间中。因为在某种程度上,形式就如同稳定的实体,不能将其置于生命的绝对连续性运动之中。……通过它们与时间和能量的不同关系,形式和生命是绝对分裂的。形式是永恒的,因为它只包含与直觉相辅相成的内容,而作为形式,它无法影响生命。只有在生命潜在的连续流动及其因果过程中,形式才会在进一步的影响中继续存在。但

---

① K. P. Etzkorn, *Georg Simmel*, *The Conflict in Modern Culture and Other Essays*. New York: Teachers College Press, 1968, 11.

是,表面上——如果有人坚持这一观点的话——生命会走向终结;或者从另一个角度来看,生命之流消解了各自的形式——形成一种一劳永逸的现象,而且绝对没有发展——这是观众的理解。生命之流是在其自身力量的持续影响下发展起来的,而不是因为它可能提供一些外部可感知的视觉表象。[1]

在《生命直观》中,齐美尔更是在不同的地方反复强调了生命与形式的冲突:

> 精神生命除了表示以某些形式出现的自我之外,根本不能表示别的任何东西。这些形式要么为语言,要么为行动,要么为形体,要么在一般情况下即为内容。而精神力量当时就在这些形式下实现。但是,精神生命形体的这些形式在刚出现时就已经具有实实在在的独特意义,具有坚定性和内在的逻辑性。既然形体就是形式,所以按照该逻辑,这些形式同塑造它们的生命针锋相对,因为该生命是一种不仅充斥某些形式,而且充斥各种形式的、永不停息的流动。由于这种原则性的本质

---

[1] G. Simmel, *Rembrand: An Essay in the Philosophy of Art*. New York and London: Routledge, 2005, 53.

对立,生命根本就无法进入这一形式,它不得不超越各种已经获得的形象,立即寻找另外一种形式。借助于该形式这种游戏会纯粹作为必要的形象以及必然不满足于该形象的对立面重复出现。它既然是生命,那就需要形式;它既然是生命,那就需要比形式更多的东西。生命有这样一个矛盾:它只能在形式当中找到一席之地,但又无法在形式当中找到立锥之地,因此,它既超越,又打破构成生命的任何一种形式。这种生命作为矛盾,确实仅仅出现在合乎逻辑的反省中。对于这种反省来说,单个形式就是一种行之有效的、现实的或者相像的固定形体,是一种断断续续的,除其他形式之外与动荡、流动和超越在概念上对立的形式。直接经历过的生命就是成型和超越的统一体,是对现有形式的彻底超越,即在个别瞬间打破当时存在的形式——这种生命越来越成为那样一种在自己当时命中注定的、来自本身的形式中占有一席之地的生命。[1]

处于精神阶段的生命作为自身的直接表现,产生着客观形体。生命就用这些形体来表达自己的意愿。这

---

[1] 齐美尔:《生命直观》,刁承俊译,北京:生活·读书·新知三联书店2003年版,第18—19页。

些形体作为生命的容器和形式,希望把生命的继续流动都接受下来——而这时,那些形体想象中的以及历史上的确定性、限定范围和固定不变,迟早会成为永远变换不定、界限模糊不清并且持续不断的生命的对立面和对手。这种生命在不断地生产那样一种会使自己四处碰壁、受到压制的东西。这种东西对生命而言虽说是必不可少的自身形式,但因为生命变成了形式,所以它也就同生命的动力,同生命的某种真实停滞的力不从心针锋相对。……现存文化形式的这种排除只不过是某种更为深刻的基本关系那早已变得陈腐不堪的外部现象而已。这种现象就是介于生命原则和形式原则之间的根本对立。因为生命只有在形式中才能表现自我,所以这种对立在任何情况下都表现为正好为生命所驱走的形式反对那样一种形式的斗争——生命事先就把这种形式作为自己的形象、自己的语言和自己所能标明的质量制造出来。一当生命有意识地在精神或文化、创造性或历史方面受到他物支配时,它也就只好存在于它自身的、由自己直接创造的对立面的形式中,即所制作的形式中。[1]

---

[1] 齐美尔:《生命直观》,刁承俊译,北京:生活·读书·新知三联书店2003年版,第134—135页。

处于精神阶段的生命作为自身的直接表现,产生着客观形体。生命就用这些形体来表达自己的意愿。生命总是希望实现它不能达到的某种境界,它企图超越一切形式。然而生命又只能用形式来体现,它不能用超越形式的生命来代替这种形式。生命在不断地生产那样一种会使自己四处碰壁、受到压制的东西。这种东西对生命而言是必不可少的自身形式。生命的这种形式是一种现实的固定形体,是一种断断续续的个别形式。这些形体作为生命的容器和形式,希望把生命的持续流动都接受下来,而直接经历过的生命就是成型的统一体,它是对现有单一形式的彻底超越,即在个别瞬间打破当时存在的形式。因此,那些形式中的以及历史上的确定性、限定范围和固定不变,迟早会成为永远变幻不定、界限模糊不清并且持续不断的生命的对立面和对手。

齐美尔将文化视为一个体系,因此,生命与形式的冲突又可以看作是文化创造力与文化体系之间的对立冲突。文化创造力具有生生不息的节奏,且永不停止地流变;而文化体系是富有创造性的生命的外在框架,它有自我的界限和适用范围。一种文化体系一旦得到固定、具有自我逻辑性和合法性,就势必会与内在于它的生命产生裂变,如果某种文化形式自成体系,也就意味着该形式具备了一定的自主性,并且,文化体系越是独立自主,它们与文化创造力之间的对抗性就越强。所以,"一旦各种变得客观的、结成固定形式的生命产品要求接受继续流动的生命,以其界限划定范围,并与自己统一规格时,不满和不安——或迟或早,准确地说,从出现那一时刻开始——就已针对着那种生命产品了。"[1]

生命与形式之间的冲突并不只是简单的对立关系,还以一种战斗的甚至是革命的姿态体现出来。"假如生命——作为宇宙的、种类的、个别的现象——是这样一种持续不断的流动,那么,建立在这一基础上的就不仅仅是生命同形式之间的深刻对立。这一对立往往以战斗的姿态出现,它是不停的,多数情况下不明显的、非原则性的,但又是以革命方式爆发出来的、继续前进的生命反对历史标记和当初文化内容在形式上僵化的斗争,因而它也会成为文化变迁的内在动机。"[2]文化的内容与形式不仅相互之间有矛盾对立的关系,而且,这种对立是一种动态性的对立。一方面,一旦精神生命要获得展现,它就会不断地创造出自给自足的,并渴望内在永恒无限的、与特定的精神生命相适应,并作为特定精神生活表达的必然模式而存在的形式。也就是说,人类的内在精神生命只能通过一定的文化形式体现出来,精神生命只有在自己的对立面中才能存在,成为外化的现实;另一方面,生

---

[1] 齐美尔:《生命直观》,刁承俊译,北京:生活·读书·新知三联书店2003年版,第135—136页。

[2] 齐美尔:《生命直观》,刁承俊译,北京:生活·读书·新知三联书店2003年版,第14—15页。

命的流动永不停止。只要精神生命外化为形式,那么生命的内在永恒动力就会与形式固有的自足性产生矛盾,到最后必然会摧毁旧的形式,并渴望新的形式来适应自己。因为"生命的力量迟早会腐蚀掉它所创造出来的每一种文化形式。当一种文化形式获得完满的发展,下一步就是另一种新的形式开始成形,并最终通过或短或长的斗争而取代前者。"[1]可见,齐美尔对现代性文化危机的理解,是从其生命哲学出发的:文化危机是生命与形式的亘古冲突的不断更新,一旦新的生命冲动与旧的文化形式相冲突,就会出现文化危机。

生命与形式处于永恒的对立冲突中,这种冲突在现代社会中表现得尤为明显。在齐美尔看来,虽然形式与生命的冲突在很多历史时代一直很尖锐,但除了他生活的那个时代,没有任何一个时代能把这个内在矛盾十分清楚地显现出来。而且这种冲突不仅无法避免,也永不会停止,因为一种形式一旦出现,它在很长一段时间内,就拥有摆脱生命对其进行控制的能力,而生命却力图去征服形式。由于这个原因,"生命与形式从一开始就处于一种潜在的对抗之中,并在活动的许多领域表现出来。从长期来看,这种紧张关系最终会发展成为一种普遍的文化危机。在其中,所有形式被强加于生

---

[1] K. P. Etzkorn, *Georg Simmel, the Conflict in Modern Culture and Other Essays*. New York: Teachers College Press, 1968, 11.

命,而生命却竭力想去打破种种形式。"①可以说,生命与形式的永恒冲突构成了齐美尔生命哲学的核心主题,也成为贯穿其整个生活哲学、文化社会学和美学的一条主线。

四、文化的悲剧

齐美尔生命哲学的核心是生命与形式的矛盾与冲突。生命要表现为形式,但形式生成之后会固化,凭借形式自身的结构与逻辑约束生命,与生命形成对抗与冲突。在生命与形式的冲突基础上,齐美尔提出了文化的悲剧论:主观精神与客观精神的对立冲突。精神生产出客观物表达自我,但客观物自身形式的确定性和界限的僵化又会与连续性的生命形成对立,彼此敌视。文化的精神存在日益成为外在于个体的客观性存在。主体文化已完全跟不上外在的客体文化的发展,它的存在对整体文化而言其作用显得微乎其微。可以说,在齐美尔的文化社会学思想中,文化悲剧是一个核心主题。这一论题在后来的法兰克福学派那里,特别是霍克海姆和阿多诺对现代大众文化的批判中得到了延续。在法兰克福学派的文化批判理论中,文化被理解为一个大容器,而个体只是以偶然的、不固定的方式分享着这个容器中的某一部分。

---

① K. P. Etzkorn, *Georg Simmel, the Conflict in Modern Culture and Other Essays*. New York: Teachers College Press, 1968, 12.

在《货币哲学》中,齐美尔讨论了货币文化逻辑及其对现代人的影响,并从货币经济的角度论及了西方现代文化的冲突及其悲剧。赫勒认为,《货币哲学》关注作为文化符号的货币,并努力通过货币这个经济符号在主客文化之间建立一种关联。[1]《生命直观》分享了《货币哲学》的文化悲剧主题,但相对于《货币哲学》悲观无望的情绪,《生命直观》有着较为积极的乐观情绪。在《生命直观》中,齐美尔指出,生命内容的客观化是文化发展的不可逾越阶段,这是生命的任何一个阶段都必然要经历的客观化进程。齐美尔在延绵不息的生命进程的载体身上,即个体身上发现了超越外在客观事物的力量。在齐美尔看来,形式无法困住生命之流,生命总会摧毁形式奔流向前,但同时也使个体的生命具有特殊性与创造性。

在齐美尔的理论中,文化的第一种形态是主观文化,它以教育、活动、智慧或美、幸福、德行等形式出现,表现为个体对于灵魂财富的分享。文化的另一种形态是客观文化,它的内容和意义完全不受在个体身上的表现程度和频率的限制,如语言和法律、习俗和艺术、职业种类和宗教、家具和服饰等。齐美尔认为,在前现代社会,文化的内在精神冲动与外化的形式处于水乳交融的和谐状态,文化的发展显得相对平和。但随

---

[1] H. J. Helle, *Messages from Georg Simmel*. BRILL: Leiden; Boston, 2012, 107.

着现代社会的出现,这种和谐状态逐渐被打破,外在的物质文化得到强化,并对主体内在的精神文化构成极大威胁。"近百年来,在生产设备和生产技术服务方面,在各种知识和艺术方面,在不断改善的生活方式和生活情趣方面,社会分工日趋繁多复杂。作为个性开化原材料的个人能力很难适应这一发展速度,已远远地落在后面。……现代人真正缺乏文化的原因在于,客观文化内容在明确性与明智性方面跟主观文化极不相称,主观文化对客观文化感到陌生,感到勉强,对它的进步速度感到无能为力。"[1]工具理性的横行带来了客观文化的空前膨胀,导致客观文化对主观文化的全面压制,主观文化跟不上客观文化的发展,远远落在客观文化的后面。

客观文化对主观文化形成压制,齐美尔认为这种压制必定会导致现代个体对文化的普遍不满,以及作为整体的文化的最终衰竭,"文化的不同分支各自为政,互不理睬;作为整体的文化实际上已经难逃巴比塔的厄运,因为其最深刻的价值正存在于其各部分的集合之中,而这种价值现在似乎岌岌可危:所有这些都是文化演进不可或缺的悖论。它们逻辑上的最终后果将会是文化一直持续发展到灭亡的地步。"[2]物质社会的高度理性化造成了自主性和创造性的丧失,导致了文

---

[1] 齐美尔:《桥与门》,涯鸿等译,上海:上海三联书店1991年版,第95—96页。
[2] 齐美尔:《时尚的哲学》,费勇等译,北京:文化艺术出版社2001年版,第183—184页。

化的物化。人类为自己所创造的东西所奴役,个体从客观文化中接收到的刺激,只会让他产生无能感和无助感,主观文化与客观文化在现代社会中日益悲剧性地陷入无法转换的境地。面对客观文化对主观文化的霸权,现代人不是变得富有生机和活力,而是变得精神异化和麻木不仁。在现代性的展开中,客观文化的发展以主观文化的牺牲为代价,所谓普遍的文化悲剧其实就是客观文化与主观文化的相互离异,其结果是现代人的生命和生活都成了碎片。

齐美尔提出的文化悲剧源于客观文化的过于强大和个体对强大文化的无力承受之间的内在张力。表面上,文化好像对个体做出了"强化"的诺言,但实际上,与表面的"强化"相伴而生且形成鲜明对比的是现代个体自我的沦丧,这也正如卡西尔对齐美尔的分析:"'灵魂'与'世界'间的关系日趋紧张,直至发展成为相互对立的程度。最终,人们不可能不使灵魂经受磨难而踏入精神世界,精神的生命蓬勃发展,而灵魂的生命日趋沉沦于自身。因此,'客观精神'的目标和道路永远不可能与主观生命同一。对于个体的灵魂来说,它所无力克服的一切就像一具将其禁锢得越来越紧永远不可能从中挣脱的枷锁。"[①]卡西尔认为,灵魂与世界的关系在现代

---

① 卡西尔:《人文科学的逻辑》,沉晖等译,北京:中国人民大学出版社2004年版,第184页。

社会中日趋紧张,并最终发展成为相互对立的敌对双方,文化的悲剧也就出现了。卡西尔的分析其实也是视生命与形式的二元对抗为文化悲剧的根本原因。只不过在他的分析中,与生命概念对应的是灵魂概念,而与形式概念对应的则是世界概念,生命与形式的对抗也就转换成了灵魂与世界之间的紧张关系。卡西尔认为,齐美尔的文化悲剧论其实只上演了两个角色,一个是生命,也就是灵魂,另一个则是为个体所期望的理想的客观价值领域。但是随着现代社会的演进,这两种因素永远也不可能再和谐地相互作用和相互渗透,"随着文化的发展,创造者所创造的成果也逐渐成为创造者自身的敌对力量。个体不仅不能通过自身的成果完成自我实现,反倒被自身的成果所损害。"[1]个体不仅不能从自己所创造的客观文化中获得收益,反而被客观文化强大的物化趋势所奴役,于是,现代文化的悲剧也就成为必然。

齐美尔指出,在前现代社会,客观文化与个体的主观文化处于水乳交融的和谐状态中,个体所创造出来的客观文化同时也是培养个体个性和能力的一种手段。但随着传统社会向现代社会的转变,尤其是到了货币经济时代,主观文化与客观文化之间越来越难达到和谐统一,反而各自为政。外

---

[1] 卡西尔:《人文科学的逻辑》,沉晖等译,北京:中国人民大学出版社2004年版,第190页。

在的客观文化越来越难以实现促进个体的自我完善这个目标,反而成为压制主观文化的物化文化。齐美尔感慨道:"希腊人对哲学、科学、战略决策及生活享受领域所做的贡献,风格相当一致,结构非常简单,使每个受过教育的人或多或少能够掌握。他可直接将大量客观文化应用于自己的主观文化建设,使主客观文化同时得以和谐发展,但因现代的主客观文化之间相互独立化,这种和谐已经破碎。"[1]因此,面对主观文化与客观文化的各自为政以及它们之间越来越不可逾越的鸿沟,多数深谋远虑的哲人往往只能以悲观主义的态度审视当今文化的现状。

远离客观文化,回归到个体的内在本性,其实也是齐美尔生命哲学的选择和寄托。在生命哲学的图式下,创造性生命不断地产生出一些不是生命的东西,一些会摧毁生命、用自己强有力的声音对抗生命的东西,这一悖论导致了现代文化的悲剧。但另一方面,生命哲学的思考范式也为齐美尔提供了寻求个体精神救赎,抗拒外在物化趋势的努力方向:面向那富有创造性的、纯粹的生命本身。因为,"在个人非直接接触时,交往必然要小心谨慎和绕道而行,采用间接办法,因为间接的、往往被打断的、保持距离的交往一般具有更大的客观求实性、减缓个人的激烈反应、减少过分匆忙和过激动

---

[1] 齐美尔:《桥与门》,涯鸿等译,上海:上海三联书店1991年版,第96页。

怒的可然率。在有某种距离和很少在一起的人之间,会形成某些价值和体贴,生活艺术的最精细的、社会学的任务包括要拯救价值和体贴,把它们引导到亲近的关系之中。"①

仔细琢磨齐美尔的话,文化悲剧也许可以从乐观的角度来理解:文化悲剧之所以是主观文化与客观文化之间无法调和的冲突,原因就在于不论外在的客观文化多么强大,个体的内在精神生命总要想方设法来抗拒客观世界对它的压制和封杀。因此,引导个体去抗拒外在世界,实现自我的力量就存在于那富有创造性的、纯粹的个体生命本身,用齐美尔自己的话说就是:"我把我放到作为中心点的生命概念里去;从这里开始,有道路一方面通往灵魂和自我,另一方面通往观念,通往宇宙,通往绝对……生命显然是我们作为有灵魂的主体所能直接接触的最外在的客观性,是主体的最辽远和最坚实的客观化。连同生命一起,我们就站立在自我与观念、主体与客体、个人与宇宙之间的中点上。"②在齐美尔看来,虽然外在的物化趋势愈演愈烈,个体的外在世界变得越来越客观化,但个体生命之中的内在本真却变得越发独特和不可征服,个体在现代生活中的救赎就存在于对内在纯粹生命本身的诉求与挖掘中。

---

① 齐美尔:《社会学》,林荣远译,北京:华夏出版社2002年版,第498页。
② 转引自卢卡奇:《理性的毁灭》,王玖兴等译,济南:山东人民出版社1997年版,第404页。

生命与形式的冲突在生命内部表现为生命的个体性与连续性的矛盾与冲突,这种矛盾冲突是生命发展的内在动力,它促使生命走向超验的理想。生命与形式的冲突在生命外部表现为生命与外在形式(各种社会文化)的矛盾与冲突,这种矛盾冲突是文化发展的内在动力。齐美尔认为,生命的冲突有其必然性,无法避免,也无法通过理性方式来解决,它是生命现实中理应如此的事实。生命总是要打破形式的束缚,在对形式的打破中,生命始终保持着生气勃勃。生命的矛盾与冲突,是生命统一性的体现,也是生命确定无疑的现实。

齐美尔指出,传统哲学的普遍性包含着全部的具体性,但却并不能完全适应每个具体性。哲学面对生命过程的细节和偶然性时显得苍白和无能为力,而绝对普遍性的论断也无法适应个体的偶然性和特殊性。齐美尔反对传统哲学用普遍性界定个性,他认为哲学所展示的价值是精神对世界的一种态度,但由生命生成的世界并不是绝对的断言式论断,而应当用一种生成的态度表征自我对世界总体的精神态度。传统哲学认为变动的事件中有着稳定不变的本质,但齐美尔的生命哲学则强调固定不变的东西中肯定存在变化流动。"主体和客体是同时发展的,两者是在对方的对立那里确定自身,而双方的意义也是针对对方而言的意义。"[①]在齐美尔

---

① 齐美尔:《哲学的主要问题》,钱敏汝译,上海:上海译文出版社2006年版,第96页。

的生命哲学理念中,世界有着丰富性,能被无限多义解读,生命个体可以通过自己的特殊性理解、阐释和表达世界。生命过程中的每一个形式都有特殊性,有不可替代的意义,但同时也是可以随时被超越的存在。生命处于创造与破坏、生成与超越的悲剧中。这是生命过程的真实性,也是齐美尔生命哲学中悲剧宿命论的体现。

第二章 转向理念

西方哲学史上生命研究的关注点主要体现在两个方面:普遍意义上的人类生命;特殊意义上的个体生命。前者强调生命的统一性和整体性,挖掘生命形而上的超验意义。后者强调生命的多样性和个体性,挖掘生命形而下的经验意义。齐美尔将这两者融合在一起,试图从现实生命的体验中寻找形而上的生命终极意义。在本章,齐美尔主要讨论生命精神的世界形式,并重申了生命哲学的形而上学态度。齐美尔认为,生命是整体性存在,有总体性意义,也有超验的价值诉求。生命形式的超越最终会转向理念,生命的超越行为将生命个体引向了生命整体,实现了个体与整体的统一。

一、生命精神的世界形态

齐美尔提出世界概念,认为世界呈现出一个总体性的大范围,是由精神所创作出来的统一体。虽然世界是一个统一体,但它只是一个抽象概念,只是雏形或一堆原始材料。世界是一种表现生命意识的形式,个体可以把意识融入这个世界中,但只能理解其中很少且微不足道的内容。"我们获得了连不熟悉的事物也允许把它补充到熟悉的事物上面去的表达形式,因此这两者便结伴而行,走向一个世界的统一体。所以,完整意义上的世界就是各种内容的总和。这个总和被精神从每种东西的孤立存在中解救出来,带进一种统一的联系,一种能够包括熟悉的与不熟悉的事物的形式中。"[1]齐美尔强调,世界这个概念通过以下方式才能实现:统一体、规定的原则、用某种方式区分的法则、色彩或韵律、具有同感的知觉对单个现实的联系,等等。

在齐美尔看来,空间、时间、普遍矛盾和神圣造物主所引发的因果联系,将现实串联起来,使它们超越单一的现实,实现各个现实之间的联系,进而形成世界。此外,单一的现实在精神的引导下彼此产生联系,也可以形成世界,缺乏精神的引导,单一的现实就只会是零星的事物。齐美尔进而指出,如果相对混乱的统一体集中到理念这个确定的高雅概念,便会形成哲学的"世界"观。哲学家们将这些最高概念置

---

[1] 齐美尔:《生命直观》,刁承俊译,北京:生活·读书·新知三联书店2003年版,第24—25页。

入熟悉或不熟悉的现实中,对他们来说,现实的总和根据这些原则形成了某个世界。每一种世界形式都通过自身的范畴来统一世界材料,虽然这些材料可以交叉使用,但形成后的世界形式却又界限分明。齐美尔认为,我们可以用这些世界所描述的生命内容的总和来表征生命,虽然很多时候这些内容只是某种理想结构或物质结构。

在世界的形成过程中,通过精神发挥作用的方式,"精神把相同的全部内容发展成一个当时统一起来的、听命于一个显而易见的总原则的世界:这个世界大体上采用艺术的形式、知识的形式、宗教的形式,以及价值与意义层面的形式。纯粹从理想的角度看,没有一个内容能避开这个原则,而让别人去认识自己,去采用艺术形式,并被人运用在宗教上面。"[1]齐美尔认为,生命在精神层面的统一性中,会产生不同类型的世界,这些世界统一在整体性的生命进程中。生命的分化强化了生命的内容,展示了生命的积累,并通过和平竞争方式促进生命世界的成熟。艺术、宗教和学术都是生命的形式体现,都是有着自己特殊语言的世界。这些世界有自我内在的客观逻辑,是平等的不同世界,不会彼此取代,也不会发生冲突。此外,这些世界彼此之间不会混合和交

---

[1] 齐美尔:《生命直观》,刁承俊译,北京:生活·读书·新知三联书店2003年版,第26页。

叉,也不能相互超越,但某个时间段某一世界总是会倾向性地把其他世界的事物当作纯粹的材料,吸引到自己的世界中来。因为每一个世界都有吸引容纳材料的能力,所以艺术上能够创造的、理论上能够认识的和宗教中可以虚构的东西,都可以被说成是一个世界。

齐美尔认为,不存在纯粹的世界材料,所有的世界材料都是通过生命感觉被表现出来。世界材料存在于不同的世界形式中,没有形式作为载体,世界材料也就无法存在,精神按照某种原则使世界材料形成连续性的现实。齐美尔指出,因为生命内容有着无穷性和丰富性,所以形成的世界也有无数个,"但这些世界相互之间却不能混合,不能超越,不能交叉,因为每一个世界都肯定会用自己特殊的语言道出全部世界材料来。我们把每一个这样的领域都看成是一种内在的、客观的逻辑。"[1]在齐美尔看来,这些世界并不是现实中的真实世界,因为相对于现实世界而言,这些世界都只是精神层面的理念世界,它们的存在有其偶然性,源于生命的精神实践。这些世界的现实性,源于特定生命在某个瞬间或一定时间范畴内的生命实践。对此,齐美尔以艺术为例,认为艺术有着自己的理想形式,服从艺术自身的法则,自我建构独立

---

[1] 齐美尔:《生命直观》,刁承俊译,北京:生活·读书·新知三联书店2003年版,第26页。

王国。艺术作为一个自足体与其他世界保持距离,它与外加的规范、评价与要求无关,只是将纯粹的艺术形式解释为自我的合理性。

齐美尔指出,个体无法取得纯粹的世界材料。以蓝色为例,个体所获得的只是关于色彩的幻象,因为"在纯粹认识世界的概念范围内,这种迥然不同意义上的蓝色是意味深长的:在那里,它是以太波的某种振动,或者光谱中的某一位置,或者某种生理学的或心理上的反应"[1]。因此,个体很多时候获得的并不是色彩的纯粹性,而只是关于色彩的某种情感认同。而且,在不同的世界里,如艺术或宗教世界里,蓝色也有着截然不同的象征意味。齐美尔强调,世界材料正在走向通往内容的路上,但它无法使自己的概念变得纯洁,虽然纯粹和无定形的存在概念在逻辑上是有根据的,但在直观上却是行不通的、抽象化的。

在齐美尔眼中,艺术是精神存在的统一体所创造的形式,我们无法为艺术下一个明确的定义。"往往只存在一种历史的,即一种当时由自己的技法、自己的表现能力、自己的风格特点所确定的艺术。"[2]齐美尔认为,历史上所出现的艺

---

[1] 齐美尔:《生命直观》,刁承俊译,北京:生活·读书·新知三联书店2003年版,第27页。

[2] 齐美尔:《生命直观》,刁承俊译,北京:生活·读书·新知三联书店2003年版,第28页。

术都只能在一定的范围内有效,只能适应特定的人世内容。艺术无法为丰富多彩的所有人世内容都提供栖身之地,就如同各种抒情风格无法表征人类的所有感情经历一样。齐美尔批评自然主义的艺术观过于自信,因为在自然主义看来,凡是人世间的内容,都可以是艺术的材料。因此,艺术无法根据理念形成一个完整的世界,每一种已知的艺术都只能残缺不全地反映可能发生的某些事情。艺术和宗教都只是现实世界的事实片断,"它们在历史生命的范围内往往只具有个人的片面性,而不能把握可能全部出现的内容。"[1]也就是说,艺术只是精神内容在现实世界的偶然性片断体现,只是精神内容的现实世界存在形式。

虽然个体无论主动,还是被动经历的精神内容都只是世界的片断表征,但齐美尔提出,这些片断都按照自身的特殊性,通往了世界的整体性。艺术的原则表现及其作用,虽然都是由历史或现实的偶然性所决定,但都可以归结到人类的历史发展进程中去。艺术不是孤立的事件,它们虽然是历史的存在碎片,但却通向生命的连续性和整体性。"每一个在这种性格中所能陈述的内容,都在整体联系的逻辑中占有某种必要位置,它就从该总体联系中出发,进入一条从自己的

---

[1] 齐美尔:《生命直观》,刁承俊译,北京:生活·读书·新知三联书店2003年版,第30页。

源头奔腾而下、超越那些世界的生命之流。……经常感觉到的生命'片断'似乎在揭示一种超出纯粹忧伤之内省的、合乎世界观的性格。"[1]在这里,齐美尔表达了一种生活碎片到达世界总体性的观点。每一个碎片都是在用自己的特殊形式表征世界整体,个体的生命形式是总体世界的片断式缩影。"在生命过程生气勃勃的范围内,它们像一条河里的波浪一样相互联系着;往往有那么一种生命,它制造这些片断,就像制造它那与自己无法分割的,因而也是相互间不能完全分离的脉搏一样。"[2]

在讨论伦勃朗的绘画风格时,齐美尔认为,伦勃朗作品中的"个人主义恰恰是一种内在的普遍化——也就是说,他只是通过个体的有限性去展示一个人的生命力,但是在个体连续发展的过程中,个体却始终作为整体而呈现,如同个体的统一性现在不再是可描述性的特色和命运的流动体验,它们——不受一切概念上的边界设定的影响——被神秘地吸引到观点的独特性中,而不会丧失时间的经验形式"[3]。通过这种方式,伦勃朗暗示艺术可以通往最深层的精神生活。

---

[1] 齐美尔:《生命直观》,刁承俊译,北京:生活·读书·新知三联书店2003年版,第31—32页。

[2] 齐美尔:《生命直观》,刁承俊译,北京:生活·读书·新知三联书店2003年版,第32页。

[3] G. Simmel, *Rembrand: An Essay in the Philosophy of Art*. New York and London: Routledge, 2005, 95.

"每一个承载生命的人,其生命的全部并不在于其个别时刻的总和(也不知道如何达到这个总和),而在于每一时刻都是生命的全部,它的本质很快就会减弱或者增强,以这种或那种方式着色,实现这个或那个内容。在这些各自的形式中,倾注了整个生命。没有超越个人时刻的生命;相反,它始终是'一'或一个整体,而无论其不断交替的形式——根据它们在概念上的可表达的含义和孤立的内容——是相互矛盾,或者彼此不相关的。"[1]齐美尔指出,虽然伦勃朗的绘画关注的是一个个局部的领域,以及从生命过程中具体化出来的客观性,但这里的人物生命具有更广泛的超个体性意识。因此,每一种艺术风格就其特定的特征而言,仍然可以容纳其特定形式的全部生命。在这个意义上,伦勃朗肖像画作品的共性是作为内在生命的统一性出现的,或者说是作为内在生命的承载者出现的,这在某种程度上是一种整体的表达。在伦勃朗的作品中,个性成为生命的载体,生命的总体性以一种独特的方式自然地发生着,它的一切可描述的特殊性都只是产品或者是可以追溯的碎片。

齐美尔视哲学为一种精神运动,认为哲学通过精神活动中的某个表象或部分表现整体性意义,是个体生命把握精神存在的方式,也是生命精神力量的表达。个体有限的精神无

---

[1] G. Simmel, *Rembrand: An Essay in the Philosophy of Art*. New York and London: Routledge, 2005, 161.

法面对整体,只能通过表象或片断建立与整体的关系。通过这种关系,部分或片断向世界整体延展,进而建构出世界整体的图景。齐美尔认为,世界整体的普遍意义就是通过个性或片断的形式表达出来的,因此应当通过部分代替整体的方法去理解世界。

在齐美尔眼中,艺术和宗教等世界相对于现实世界而言都是片断,但相对于它们自身的世界而言,又都具有完整性。这些世界作为生命的片断是相互独立的世界位面,但又都掌握着生命的部分内容。在生命的连续整体性意义上,这些世界最终都会涌入无法分割的生命之流。尽管这些世界看似处于生命和现实的彼岸,但实际上它们一同扎根于生命之流的统一体中。

二、手段与目的

齐美尔指出,生命内容应当服务于生命连续不断的过程,它是实现生命目的的一种手段。然而,"那些为了生命自身而把生命从自己的能动性中驱赶出去的形式或职能变得如此独立和明确,以致生命又反过来为它们服务,生命的内容也适应于它们。"[1]在齐美尔看来,原本受制于生命进程的形式逐渐具有独立性,它们吸引生命材料,而生命材料也对

---

[1] 齐美尔:《生命直观》,刁承俊译,北京:生活·读书·新知三联书店2003年版,第33页。

它们让步。当在生命范围内与目的交织在一起的职能变得相对独立,并使用生命为形式服务时,手段为达到某种目的会在心理上变成目的,如齐美尔所言:"手段拼命取代目的一事,偏偏变成了目的论最为理想的一个形式。"①

齐美尔对目的论与自由之间的关系展开了分析。在齐美尔看来,个体的无意识极少相信目的论,它离自身所确定的目的最远,而自由意味着个体突破合目的性的可能性。个体越自由,离身体组织无意识中的合目的性就越远。因此,"在原则上可以把人称为不合目的性的生物;他相对地离开了合目的性,离开了这个存在于基本的下意识,因而也是低级有机体的合目的性中的合目的性。"②齐美尔认为,生命永恒而奔流不息,它没有最终目的,生命进程的所有目的都是生命下一阶段的手段。也就是说,在这种情况中,生命的单一进程沦为了手段,生命的永恒形式成为了目的。

目的沦为手段原本是对目的论的极大颠倒和破坏,但它却成了目的论的最理想形式,这是相当值得玩味的现象。齐美尔指出,当我们把所有的价值都赋予生命的终极目标,个体就会缺失行动的勇气。我们应当赋予生命的每一阶段重

---

① 齐美尔:《生命直观》,刁承俊译,北京:生活·读书·新知三联书店2003年版,第35页。
② 齐美尔:《生命直观》,刁承俊译,北京:生活·读书·新知三联书店2003年版,第36页。

要意义,虽然每个阶段生命的目的只是下一阶段的手段。在生命进程中,作为手段的过程具有决定性价值和意义,而生命的最终目的反而不具有终极意义和价值。在生命的整体进程中,目的论的等级系列被生命的流动系列所代替,生命进程中的任何目的和手段在整体生命系列中具有平等的地位、价值和意义。生命没有终极的目的,只有以目的形式出现的手段的不断消亡与延伸,生命进程中手段系列的更替建构了生命的总目的。

虽然生命系列中的手段代替了生命的总目的,但齐美尔依然强调生命的总目的论。齐美尔强调,因为生命的总目的论,生命价值才在生成中不断呈现。基于此,齐美尔讨论了"思想"这个范畴,认为思想并不一定就是真理,思想是否是真理,在于思想是否有真正的价值,而非思想内容与现实生命需求的符合。在齐美尔看来,所有思想内容都是为生命的总目的服务的,思想内容本身就是现实生命内容,是生命合目的性的扩展与深入。齐美尔称生命的总目的为"生机勃勃的总目的",即生命的永恒流动和超越进程。思想成为真理,在于它促进了生命的发展。因此,思想是生命进程中的阶段性形式或阶段性"真理",只是某些理论的表述,而非确定性的真理。因为思想是生命过程中的片断,所以不存在绝对性的真理,只存在与生命过程相适应的阶段性真理。

齐美尔谈到了生命具体进程中的合目的性问题。齐美尔指出,能够毫无目的地行动是人类真正的价值,但人类的生命在大部分阶段却是合目的性的。虽然作为单纯的生命,个体是自由的,但在现实生命中,个体实际上是按照自己的法则,即按照某个目的生活。"我们在理想的王国里是自由的,而目的论就在这一王国面前寿终正寝。合目的性的领地就是人类本质的中间地带,这就恰似它在各个行动系列中占据着意图与结果之间的中间范围那样。"①以"合目的性的领域"这个中间地带为坐标,一端是现实的生命过程,遵循生命过程的本能发展。在这个过程中,个体生命本能遵循的是理智手段,它没有动物本能的自然合目的性。中间地带的另一端是生命的超越性活动,这是一种超越目的的生命的自由。可以说,在齐美尔眼中,自由的对立面并非强制,而是合目的性。"自由绝非否定之物,它不是强制行为的缺席,而是一个全新的范畴。人类的发展一旦离开受到它内在体格约束的合目的性的以及一味往行动中延伸的阶段,就上升为这种全新的范畴。"②

齐美尔还谈到了幸福和爱情与目的论的关系。齐美尔认为,在生命进程中,幸福与性爱与生命的目的论相关联,它

---

① 齐美尔:《生命直观》,刁承俊译,北京:生活·读书·新知三联书店2003年版,第38页。
② 齐美尔:《生命直观》,刁承俊译,北京:生活·读书·新知三联书店2003年版,第38页。

们以其光辉照耀着不断持续着的生命,是个体实现自我解放的策略。齐美尔指出,"幸福从所有内在活力的合目的性中求得解放一事已经完成并已变得一目了然。"[1]幸福与痛苦一样,都可以作为个体解放的策略。"当痛苦顺应生命之时,生命之流便恰似奔向幸福一样,奔向不幸;灵魂既可以在不幸中,也可在幸福中——这里只用相反的征兆——自行做到完美无缺,实现生命的完善,甚至实现痛苦角色的反面——生命的拯救。"[2]在讨论爱情时,齐美尔认为,爱情具有独特性,是心灵中纯粹和自成一体的内部事件。"人物无数的、无法注视的力量注入爱情之中,但爱情绝对不是为了这些力量才成为中间站,而是要么令人高兴,要么令人沮丧地成为一种最终状况。"[3]在齐美尔看来,爱情是个体生命过程中的一种要求,是生命为了自我的合目的性而采用的一种形式。

目的与手段的换位,这是齐美尔的《货币哲学》主题的延续。《货币哲学》的整个目的就在于通过分析货币这一日常生活中最常见的社会互动形式,"以表现最表层的、最实际的、最偶然的现象与存在最理想的潜力之间的关联,表现个

---

[1] 齐美尔:《生命直观》,刁承俊译,北京:生活·读书·新知三联书店2003年版,第40页。

[2] 齐美尔:《生命直观》,刁承俊译,北京:生活·读书·新知三联书店2003年版,第41页。

[3] 齐美尔:《生命直观》,刁承俊译,北京:生活·读书·新知三联书店2003年版,第42页。

体生命与历史的最深刻的潮流之间的关联。"①在齐美尔眼中,货币和货币经济不仅仅是经济现象,它更是现代社会中的文化事件,同时也是现代性精神的体现。《货币哲学》一书"已经涉及意义重大的问题,它不仅仅从社会学角度关注货币经济对社会及文化生活产生的作用,而且显示出建立一套文化哲学乃至生命形而上学的努力。"②"作者讨论的是货币,但通过货币,他让我们看到的是人和生活。"③

从个体的生命感出发,齐美尔深刻意识到现代社会中理性追求对人的个性及独立精神世界的封杀。人生的目标(美好的爱情、神圣的事业)并不是任何时候都能期望或者实现的,而金钱这样的人生目标却是随时可以预期和追求的。以往,宗教虔诚、对上帝的渴望是人的生活中持续的精神状态;现在,这种持续的精神状态却变成了对金钱的渴望和无止境的追求,一切都以金钱为最终旨归,一切价值都以金钱来加以衡量,金钱最终成了我们这个时代的上帝。现代人正是在这种无止境的金钱追逐中迷失了方向而无法到达理想的彼

---

① 齐美尔:《货币哲学》,陈戎女等译,北京:华夏出版社 2002 年版,第 3 页。
② 弗里斯比:《论齐美尔的〈货币哲学〉》,阮殷之译。齐美尔:《金钱、性别、现代生活风格》,顾仁明译,上海:学林出版社 2000 年版,第 200 页。
③ S. P. Altmann, Simmel's Philosophy of Money. D. Frisby, *Georg Simmel: Critical Assessments*, Vol. Ⅰ. London: Rouotledge, 1994, 130.

岸,最终成为栖居在桥上的无家可归之人。

三、生命的文化形式

齐美尔指出,当生命进程中由于生命缘故而制造的范畴形成有着生命客体内在价值的独立形象时,文化就会产生,如宗教、艺术和科学等文化形式的产生就是如此。

宗教、艺术和科学虽然在超心理学的意义上具有自己的内涵和意义,但它们都是生命过程的形式体现。"在那些形式的——即现有内容形成某一世界的——推动力或造型方式本身成为关键的那一瞬间,在现有内容自愿制造或者塑造一个对象的时刻,每次都有一部分文化领域传播开来,这些领域现在似乎都站在生命面前,给它提供它行程的各站或内容的储备。"[1]在论伦勃朗的艺术哲学时,齐美尔同样表述了类似的想法。"我们的生命在不断的变化中获得其形式。然而,这些内容除了在生命过程中保持一致外,还可以分化为其他的序列:逻辑的、技术的和观念的。"[2]在齐美尔看来,生命的分化强化了生命的内容,并展示了生命的积累。我们可以根据实体概念所描述的生命内容的总和来表征生命,虽然

---

[1] 齐美尔:《生命直观》,刁承俊译,北京:生活·读书·新知三联书店2003年版,第43页。

[2] G. Simmel, *Rembrand: An Essay in the Philosophy of Art*. New York and London: Routledge, 2005, 5.

这些内容其实并不是生命本身,而只是生命进程中的某种理想结构或物质结构。

宗教、艺术和科学是生命精神的创造性形式,但它们并不是现实中的个别事物,而是生命过程的连续性体现。生命的特殊规定只存在于现实所要求,且独立决定的生命状况或生命进程中。"关于生命的规定在这里如何重要这一点表现在:这种零星的知识在别的时期看来,可能感到残缺不全和偶然,但它往往作为某种自成一统的、令人满意的连贯性出现。"①在这里,齐美尔再次强调生命的形式是建构生命精神的一部分,形式永远走在通往生命精神的路上。"精神过程尽管在为我们在世界上的生气勃勃的行为尽心尽力,但这些过程本身却是这种行为和这个世界的一部分。"②齐美尔认为,个体行动是意识过程意义和目的的体现,将意识过程的意义和目的全部投入到个体的行动中,投入到个体与外部世界的关系中,实际上是片面和盲目的。

齐美尔指出,宗教、艺术和科学等认识世界的方式,都是生命过程的一个方面,它们为连续性的生命增添了波浪性的形式。不同的认识方式就如同生命过程中的各个方面,彼此

---

① 齐美尔:《生命直观》,刁承俊译,北京:生活·读书·新知三联书店2003年版,第43页。
② 齐美尔:《生命直观》,刁承俊译,北京:生活·读书·新知三联书店2003年版,第44页。

相互关联,并为生命的总目的服务。"生命之流在流动着。它既在流动,又受到限制,它就像通过它的要素当中的任何一个别的要素那样,通过这些想象:事物的自觉形象在其中站立起来的范畴都是一些在生气勃勃的连贯性内部的单纯工具。"[1]齐美尔指出,个体平时习惯于把自己的思想集中于生命的现实内容中,但事实上,"我们的思想不仅仅意味着人们能够用概念——这些概念本身早已经在生命的彼岸——表达的内容,而且它们自己就是这种内容。"[2]"生命在其本质范围内给自己造就一种形式,借助该形式,生命能获得一个实际上可以加工的世界。"[3]齐美尔认为,形式的存在,一方面呈现精神内容;另一方面也对内容进行必要的加工。形式为现实生命构建出各个世界,架构了现实内容与个体生命之间的联系。

齐美尔谈到生命与科学之间的关系,认为生气勃勃的目的论内容所决定的"认识"并不是严格意义上的科学。"科学的本质就在于,某些精神形式(因果关系、归纳的和演绎的推

---

[1] 齐美尔:《生命直观》,刁承俊译,北京:生活·读书·新知三联书店2003年版,第45—46页。

[2] 齐美尔:《生命直观》,刁承俊译,北京:生活·读书·新知三联书店2003年版,第45页。

[3] 齐美尔:《生命直观》,刁承俊译,北京:生活·读书·新知三联书店2003年版,第47页。

断、系统性的条理、事实判断的标准等等)在那里是想象的,已知的人世内容通过置入科学,所要满足的正是这些精神形式。"①对科学来说,内容在原则上是等值的,没有高下之分。"倘若这个对象比那个对象为进一步的认识赢得更多的好处,那么,对象的价值优先地位在这里就仅仅同科学内部的技巧有关。"②

科学有自我满足的形式,在这种形式中,"真实之物是一种自由飘浮的复合体。在这个复合体内,各个细节都可能通过别的细节来证明自己是真实的,但是这一复合体作为以如此方式证明的整体却是无能为力的。"③在生命的整体世界中,形式的完整统一和自我满足恰恰体现在各部分细节之间的相互作用和彼此生成,而在科学认识的范畴内,作为一个整体出现的世界建立在一个理论论证的形式之上。齐美尔认为,科学实际上处于生命连续性的包围中,以此为基础,所有的知识内容似乎都有了自我论证的理由,一个来自知识之外的理由。在齐美尔眼中,科学存在着可以掌握的固定真理,与生命世界借助理智创造出来的真理不一样。在生命世

---

① 齐美尔:《生命直观》,刁承俊译,北京:生活·读书·新知三联书店2003年版,第48页。
② 齐美尔:《生命直观》,刁承俊译,北京:生活·读书·新知三联书店2003年版,第48页。
③ 齐美尔:《生命直观》,刁承俊译,北京:生活·读书·新知三联书店2003年版,第50页。

界中,通过理智生成的真理与生命的实际行动相对应,从而建立起一种因果关系。科学世界中有因果关系、归纳和演绎、系统的规则、判断的标准等形式,生存内容如果满足这些形式,便可以形成知识。科学世界通过推理和证明的方式互相作用,相互证明。

齐美尔指出,科学世界不同于生命世界,它是一个自足的世界,它给自己创造对象,因此,为生命所要求而又注入生命中的实际知识,原则上并不是最终意义上的科学,而只是科学的一种雏形。在这里,齐美尔援引康德的理论,认为康德的知性概念创造自然界并规定其法则的设想,仅仅适用于内在的科学世界。"认识倘若是意识到的实际生命的脉搏或中介,那它就绝不会来自纯粹智力形式所特有的创造性,而是得之于生命的那个动力,正是这种动力把我们的现实同自己和世界的现实交织在一起。"[1]在齐美尔看来,科学与生命是分离的。"尽管现在对于科学和实践来说,单个对象的形象都相同,但这些构成理论'世界'的形象及其联系的总体——我们把形象及其联系称为科学——也只有通过转变才能产生。在这里,正是这一转变把认识形象的确定理由从生命的内容及其意义中抽出来,放到了认识形式自身之中。

---

[1] 齐美尔:《生命直观》,刁承俊译,北京:生活·读书·新知三联书店2003年版,第51页。

现在,这些认识形式好像充满了真正的创造力,它们自己在创造一个世界。"①在齐美尔眼中,科学的形式和要求原本源于生命,但现在却反过来决定世界,并且试图将内容融入世界以满足于形式,由此形成了科学与生命的分离。

在讨论生命与科学的关系后,齐美尔谈到生命与艺术,尤其是与造型艺术的关系。齐美尔认为,艺术按不同于科学的原则建构了另一种世界观,一种并不承认主体是对象的世界观。"可以肯定,对于在经验方面实际存在的鲜明生动的领域来说,给我们提供的是按照另外一种原则形成的世界观,而不是那种促使科学承认我们是对象的世界观。"②齐美尔认为,当我们关注由生命及其安排所拥有的作用方式时,我们就会遭遇造型艺术的创作方法的主要性能:"它要使自己的形体作为一个自满自足的统一体,消除与现实生活连续不断的结合,割断同所有外界的联系,获得一种按其意愿对生成、变化和消失一无所知的形式。"③齐美尔强调,造型艺术的创作技巧并不是一种使生命在个体环境里相对个体来说必不可少的技巧,造型艺术选择某个对象,只是为了使这个

---

① 齐美尔:《生命直观》,刁承俊译,北京:生活·读书·新知三联书店2003年版,第51页。

② 齐美尔:《生命直观》,刁承俊译,北京:生活·读书·新知三联书店2003年版,第52页。

③ 齐美尔:《生命直观》,刁承俊译,北京:生活·读书·新知三联书店2003年版,第53页。

对象补充到川流不息的生命过程中去。在齐美尔看来,这样的造型就是艺术的目的本身。因此,造型艺术是处于物质与精神界限的转换过程中的形式创造,是对现实世界事物再创造的形式呈现。造型艺术的形象气质体现了生命精神的独特性和差异性,表明生命以其形式(生命精神的外化或再创造)进入世界的整体中。齐美尔认为,造型艺术的形式具有普遍性和必然性气质,是主体通过超验方式获得的形式存在。形式体现了生命精神,但同时也具有物质的客观性。

齐美尔认为,艺术具有独创性特点,它是艺术家对生活世界观察过程的延伸,艺术创作过程是艺术家独立观察能力的体现。

> 如果说现在艺术家的眼睛确实是在按照一种特别独立的例外意向进行观察的话,那么这种看法也绝不等于其他人的看法,因为其他人认为,艺术家的眼睛是在真正的生活更加明显的抽象化中发挥作用的。恰恰相反,在具有创造能力的艺术家那里,一大批生活进入他的观察之中,生活整体更加心甘情愿地被引向这一方向。艺术家一生中只是在次要的,也可以说是技巧方面比别的人有更多的观察;而在主要的和基本的方面,他在自己的观察中却比别的人有更多的活力;那种变化所要表达的正是:那个在现实生活范围内并为现实生活所

创造的形式正在创造一个理想的世界,其途径就是:这一形式不再适应生气勃勃的规则,而是自己确定或者形成一种规则,但生活作为现实、表象和形象却必须适应这一规则。①

艺术是一个与现实不一样的虚幻世界,它与现实有着差距,是想象中的生活存在。艺术在生存内容上独立自主地安排自己,生命不再以形式的面貌出现,相反,艺术要把自身内容中其他由形式促成的生命联系都一概除掉。艺术按照本性法则进行创造,"艺术家们要防止所有的道德说教对他们的指责,说他们并不感到自己受到这种仅仅涉及这些指责的生活形式的东西的打击。因为,有多少生活流进了艺术创作中,又有多少生活从中流了出来,这都无关紧要。作为艺术创作,它脱离了生活,因为在生活中,观察不管怎么样,充其量也不过是诸多要素中的一个。"②艺术创作的观察过程,实际上也就是艺术与生活相分离的独创性的体现。艺术中能够直观到的完美性以及灵魂的表达,现实中基本上很少出现。

---

① 齐美尔:《生命直观》,刁承俊译,北京:生活·读书·新知三联书店2003年版,第55页。
② 齐美尔:《生命直观》,刁承俊译,北京:生活·读书·新知三联书店2003年版,第58页。

齐美尔强调,生活并不是艺术创作的源泉,相反,是生活内容融入到艺术创作中。艺术与生命有着千丝万缕的联系。由于生命的融入,现实形象得以转化为艺术形象,这种转变让所经历的现实观察服务于纯粹的观察形式,进而生产出艺术品。"假如由于我们的生活同已知现实的紧密结合,就使对该现实的观察成为艺术的雏形;假如那种观察脱离这种结合,自愿把创造者的生活引入它独立的节奏中,就会出现艺术,那么,这种艺术也就是凭经验在现实的关系中感觉到的线条形象。……摆脱实际生活的视觉形象就会产生艺术品,而这种摆脱在制作一种新的、如今服从于观察作用的形体时也会变得有用。"[1]

齐美尔认为,我们并不是客观地观察现实,而是用艺术家的眼光观察现实。"在我们的人世生活引起观察之后,艺术家们就会消除观察作用同分别形成的自满自足能力的这层关系——这里所说的能力是指把事物置入某种只有通过观察才能产生的联系的能力。如今,这一点又反过来对有经验的、合乎世情的观察起反作用:艺术之起源于生气勃勃的雏形架起了一座桥梁,通过这座桥梁,艺术又反过头去重新

---

[1] 齐美尔:《生命直观》,刁承俊译,北京:生活·读书·新知三联书店2003年版,第60页。

同生活联系起来。"①在这个意义上,齐美尔强调,每个人都可以是潜在的艺术家,因为个体可以效仿艺术家的观察方式。我们都可以是潜在的画家或诗艺家,因而在现实画家和诗艺家给我们开辟道路之后,我们能够效法他们。

齐美尔指出,艺术的生成必须在形式上灌注生气勃勃的生命精神,个体日常生活中发挥作用的形式还不是艺术,但它们在生命精神的融入下,会逐渐转化为艺术。"把生命称为只有在艺术中才能成为能力和整体的片断,这种情况的真正含义大概也就在于这一形式原则:艺术品可以是一个整体,而且原则上也能够是一种完美无缺的事物,因为它完全由那些规则所塑造,但这些规则在这里由于自己的实现已经将意义丧失殆尽——而通常这些规则都听命于一种更高级的东西,听命于这样一种生命的规则,这种生命只允许交替使用和断断续续地使用这些规则。"②齐美尔认为,存在不完美的艺术,因为艺术作品虽然是根据艺术意图而创造,但它们并不满足艺术的内在要求,还没有完全摆脱对生命的依赖,只是局限在艺术形式限定的范围内。"至于不完美艺术之所以存在,那是因为作品——后一类影响也许没有表现出

---

① 齐美尔:《生命直观》,刁承俊译,北京:生活·读书·新知三联书店2003年版,第60—61页。
② 齐美尔:《生命直观》,刁承俊译,北京:生活·读书·新知三联书店2003年版,第63页。

来——还没有把自己的艺术形式全部从生命的隶属关系中解放出来,还没有绝对完成这些形式从其手段存在往内在价值存在的转变。"[1]

齐美尔探讨了诗歌与生命的关系,强调诗歌的形式并不局限于语言的表达形式。齐美尔认为,诗歌凭借形式,对观察到的生命内容进行塑造,使这些内容在精神活动中形成雏形,并最终使生命材料服从于生命目的。诗歌"并不表现人们孤立的个性,而往往表现一种共同的东西,即人性的各种类型,对于这些类型来说,那种得到如此这般称谓的个人只不过是一个形象、一个名字而已"[2]。此外,齐美尔还从生命的层面论及形象的典型问题,认为这些形象出现在但丁、塞万提斯、莎士比亚、歌德和迈耶的作品中,他们寓于和谐统一中,体现出对立统一的同时性。"一方面它们是一种很普通的东西,就仿佛获得解脱的个人化为一种典型的轮廓,只能感觉到人类寻常生命的脉搏;另一方面它们已经深入到了人们在那里简直就只是他自己的那一点,深入到了人们绝对自行负责和不易混淆的生命的那个源泉,以便紧接着首先从他

---

[1] 齐美尔:《生命直观》,刁承俊译,北京:生活·读书·新知三联书店2003年版,第63页。
[2] 齐美尔:《生命直观》,刁承俊译,北京:生活·读书·新知三联书店2003年版,第64页。

的经验过程获知同其他形象的相似性和一般化。"①

齐美尔还提到抒情诗的两个范畴:渴望与断念。在齐美尔看来,生活意志体现在抒情诗的某个瞬间,但这些瞬间不仅罕见,同时也难以达到艺术上的尽善尽美。原因在于"渴望和断念——或者说得协调一点,是希望和损失——本身具有一种疏远的因素,这一因素可以说是在为艺术疏远和客观化做准备工作"②。人们在抒情诗中更喜欢寻找渴望与断念的感情,"因为这些感情给我们制造的正是这种艺术上所要求的距离。生命作为一种无动于衷、一种敬而远之的作用所产生的感情,因为能够很好地满足艺术的条件,现在自己也就成了中心。"③

在这里,齐美尔实际上论及了艺术与现实的距离关系。在另一篇论文中,齐美尔强调,艺术家对现实的把握建构了种种艺术与现实的复杂关系。"艺术是生活的另一种东西,它是生活的解脱,通过生活的对立面,生活得到了解脱。在这一对立面中,事物的纯形式为事物主观的朋友也好,敌人

---

① 齐美尔:《生命直观》,刁承俊译,北京:生活·读书·新知三联书店2003年版,第67页。
② 齐美尔:《生命直观》,刁承俊译,北京:生活·读书·新知三联书店2003年版,第67页。
③ 齐美尔:《生命直观》,刁承俊译,北京:生活·读书·新知三联书店2003年版,第68页。

也好,均无所谓,它拒绝被我们现实所触动。但是,当艺术内容和幻想进入到远距离的时候,艺术形式反而离我们近了,比它在实现形式中离我们的距离更近。现实世界的一切事物都是我们生活的手段和材料,而艺术作品则保留着它的独特性。"[1]艺术是对生活的解离,"艺术具有一套独特的逻辑,一种特殊的真值概念,以及一种特殊的规则;依靠这种规则,艺术使用同样的物质在现实世界之外建立起一个能够与之相媲美的崭新世界。"[2]在齐美尔看来,进入艺术是一种解放,通过艺术与现实的距离,可以超越艺术与生命自我以及生命与世界关系的直接性。

艺术的根本意义在于,对于艺术家以及对于艺术的欣赏者,艺术使我们超越了艺术与我们自己的关系的直接性,以及艺术与世界关系的直接性。艺术的价值依赖于我们对此种直接性的克服,以至于艺术就仿佛根本不存在着这种直接性一样地发挥着作用。如果能够肯定地说,艺术品的魅力毕竟是依赖于与原始情绪的共鸣,正是这种原始情绪从根本上激动了我们的灵魂,那么,我们也得承

---

[1] 齐美尔:《桥与门》,涯鸿等译,上海:上海三联书店1991年版,第141—142页。
[2] 齐美尔:《现代人与宗教》,曹卫东译,北京:中国人民大学出版社2003年版,第83页。

认,艺术的特别之处不在于情绪的美学形式和直接性,而在于当直接性退隐之后艺术品所获得的新面目。①

在齐美尔看来,艺术与日常事物不同,它服从它自己的法则。艺术可以摆脱外界束缚而获得自主自律,并且作为一个整体独立于外在世界。艺术是自足而自主的,它具有自我指涉性,不会刻意去满足外加的规范、评价与要求。艺术作品既不能由艺术家的创作过程,也不能由其时代环境来解释。在讨论伦勃朗的绘画创作时,齐美尔指出:"艺术由于其最深刻的本质,而成其为真正的艺术,艺术与现实无关,特别是在其最深刻的本质方面是如此,同样艺术也不能被理解成幻象,因为任何幻象都以现实为前提。"②在齐美尔看来,艺术的审美本质"与现实无关",而在于自律。艺术家创造时必须摆脱现实世界的他律原则,保持独立自主性。以此为前提,齐美尔质疑了自然主义艺术,认为"自然主义总是不能同种种艺术一致,形成自己的法则,而是形成一种'现实'。现实主义只是与自己的理论保持一贯,它从不否认其为现实的艺术。艺术中过多的现实因素有损于艺术,有更大手法的人则

---

① 齐美尔:《货币哲学》,陈戎女等译,北京:华夏出版社2002年版,第87页。

② 狄塞:《齐美尔的艺术哲学》,薛云梅、薛华译,《哲学译丛》,1987年版,第50—52页。

以将这些因素组成一个自律的艺术世界为己任"①。

以齐美尔的论述为前提,我们可以继续深入下去。齐美尔认识到,"现代文明的发展通过那种可以称之为客观精神的东西对主观精神的优势而形成了自己的特点,即在诸如语言和法律、生产技术和艺术、科学和家庭环境问题上体现出了一种总体精神,这种总体精神日渐发展,结果是主观的精神发展很不完善,距离越拉越大。"②在齐美尔看来,由于主观精神与客观精神的距离愈来愈大,以至于作为客观精神的文化产品与作为主观精神的内在生命相隔越来越远。外在客观文化对个体内在生命形成强大压制,现代艺术家不得不通过与生活保持距离来曲折地表现生活和反思生活。

距离成了介于经验的生命与诗情画意的观念性之间的转折点,前者体现为历史,后者则体现为艺术。过去的人和事很容易出现在历史诗和戏剧中。齐美尔强调,"精神在这里——而不是面对直接现实——在素材的安置和形象塑造中行使的权力——回忆过去的这些特征一旦适应现有的素材,那它们便会成为艺术本质的一部分。"③这样的情况也会

---

① 狄塞:《齐美尔的艺术哲学》,薛云梅、薛华译,《哲学译丛》,1987年版,第50—52页。
② 齐美尔:《桥与门》,涯鸿等译,上海:上海三联书店1991年版,第275—276页。
③ 齐美尔:《生命直观》,刁承俊译,北京:生活·读书·新知三联书店2003年版,第68页。

偶然出现在科学中,但较多出现在历史与艺术中。在历史中,内容会对最后得出的结果提出相对于艺术更高的要求。"历史作为一种过渡,存在于合乎经历的——包括那种尚未成熟的范畴的——回忆和(历史)文学创作之间。"①"艺术绝非历史的一种工具,恰恰相反,历史按照自己特有的必然性倒是艺术的第二雏形,而第一雏形却是在生命范围内产生的回忆过去的方式。"②

四、生命与艺术形式

艺术与生命有着特殊的关系,"艺术是另外一种生命,是从它的实践中,它的偶然性,它那时光的流逝,它那没完没了的一连串目的手段中获得拯救。"③正是在这个意义上,齐美尔讨论了生命形体与艺术形体之间的内在关系。

> 生命形体和艺术形体作为种种现实,它们之间的界线往往很难划得清楚,它们有时相互交叉,日常的讲话不知不觉地进入诗歌之中,同样,观察的经验方式也进

---

① 齐美尔:《生命直观》,刁承俊译,北京:生活·读书·新知三联书店2003年版,第68页。
② 齐美尔:《生命直观》,刁承俊译,北京:生活·读书·新知三联书店2003年版,第69页。
③ 齐美尔:《生命直观》,刁承俊译,北京:生活·读书·新知三联书店2003年版,第69页。

入艺术方式。然而正因为意图中的根本区别在于:那些结构是作为手段出现在生命及其滚滚洪流的素材面前,还是反过来作为内在价值接纳这种素材,并用最后的形体把它表现出来——所以自然真实的生活与艺术之间的区别,就其含义而言,是一种地地道道的根本性的区别。①

艺术形式有其独特性,它往往从偶然的、残缺不全的、乱七八糟的各种形式中脱颖而出,逐渐成为占主导地位的、完整的总结性形式。"我们在伟大的艺术品中所感受到的东西往往要比单纯的艺术品多。假如艺术形式来源于生命的运动和生产,那么,具有这些形式的生命越强大,越广泛,那些形式在独立存在的情况下也就越有力,越重要,越深刻动人。当然,这种必不可少的介绍就是我们称之为才能的天赋:那些形式不仅仅为生命服务,而且由于个人的力量还能够完成往一种独断专行的世界材料形象的转变。"②齐美尔认为,在这些艺术形式中,生命并不流向自己的目的,而是驻入其中,并把自己的力量传递给这些形式,使形式能凭借这些力量在

---

① 齐美尔:《生命直观》,刁承俊译,北京:生活・读书・新知三联书店2003年版,第69—70页。
② 齐美尔:《生命直观》,刁承俊译,北京:生活・读书・新知三联书店2003年版,第70页。

所涉及的范围内,按照自身的规律或原则发挥作用。

齐美尔指出,任何伟大的艺术形式都是体现生命的形式,是生命本身的形式。"具有生物和宗教、精神和超验意义的生命并不是从艺术形式外往作品中发挥作用,因为这些形式就是生命本身的形式。"[1]在齐美尔看来,这些形式摆脱了生命的目的论宿命,是伟大艺术所体现出来的超越性或超验性,与纯粹理想的无生命形体有着共同的源泉。"即使来自生命的形式在完全客观的、独立自主的意义上发挥作用,生命也会把自己的特性转移到这些形式中去,而且重新让自己受到它们的支配,就仿佛在它们的哪一边都有生命似的;就像各种形式在生命中都具有活力一样,生命在这些形式的两边都交替获得同样的权利。"[2]

在齐美尔的思想中,形式是一个内涵十分丰富的概念,是其哲学与美学分析最基本的方法论原则,齐美尔几乎所有成熟的论著都是围绕形式来展开的。形式在齐美尔的理论中有广义与狭义之分。在广义层面上,形式是与生命相对应的,是生命的一种外化。我们在第一章中讨论文化悲剧理论时曾分析过这种形式观。齐美尔视生命为文化内蕴的精神,

---

[1] 齐美尔:《生命直观》,刁承俊译,北京:生活・读书・新知三联书店2003年版,第70—71页。
[2] 齐美尔:《生命直观》,刁承俊译,北京:生活・读书・新知三联书店2003年版,第71页。

视形式为承载生命的外在框架。在这个层面上,形式包括艺术作品、宗教作品和科学作品等等。

在狭义层面上,形式指表征艺术内容的结构因素,即艺术形式。齐美尔认为,每一个时代都有一个主导性思想:希腊时期是"实在",中世纪是"上帝",文艺复兴时期是"自然",启蒙运动时期是"理性"。现代却没有任何主导性思想,有的只是否定性的动力。因为生命发展到现代,传统的旧形式已经不能再适应生命精神的发展,而必须寻求新的形式。在齐美尔看来,这种寻求并不是简单地以某种新形式来代替已经过时了的旧形式,而是要对形式本身进行革命与更新。

> 在那天才的年代里,天才的艺术家获得成功之处在于,他们的创作通过源源不断的生活源泉得到一种非常和谐的形式,它至少在一段时期内可以拥有生活而不会枯竭无源。但在多数场合下这一矛盾难以避免。为了避免矛盾,有些作品采用所谓的无形裸露手法来表现生活,但是它往往根本无法让人理解,宛如说话含糊不清,无正确发音,这种作品纯粹矛盾百出,无和谐的统一形式,只是杂乱无章的孤文寡作。针对这种文艺形势的极端结局,未来派异军突起,他们认为世袭的艺术形式已经不能适应当今生活,当今生活希望热情地讴歌自己,表现自己,可惜尚未找到新的表现形式,所以在否定旧

形式时,或者说,在寻找有趋向性的、高深表现形式的可能性时,为了克服其矛盾,却又遇到了针对创作实质的矛盾。没有任何其他现象像未来派那样强烈地指出,曾为自己建造过乐园的旧的艺术形式已经成为当今生活的枷锁。①

目前我们正处在旧有时代的斗争之中,这种斗争不再是一种新的适应生活的形式反对旧的形式,而是单纯反对形式本身,反对形式的适用法则。过去黄金时代的卫道士与颂扬者,以及纯粹派艺术家,当他们抱怨现代生活中普遍的、不断增长的形式虚无时,他们可以举出大量的例子。但他们忽略了一点,就是目前发生的一切并不仅仅是消极的,或是传统形式的死亡;相反是一种抛弃这些形式的积极的至关重要的推动力。……问题不再是新文化形式反对旧文化形式;而是在生活中,在每个可想象的方面,存在着对想用固定形式保存自身的需要的反叛。②

---

① 齐美尔:《桥与门》,涯鸿等译,上海:上海三联书店1991年版,第100—101页。
② 齐美尔:《时尚的哲学》,费勇等译,北京:文化艺术出版社2001年版,第154页。

在过去,文化的发展源于新形式对旧形式的消解,但现代推动文化发展的最终动力不再是新形式代替旧形式,而是对形式法则的彻底抛弃。这里,齐美尔指出了整个现代主义艺术的一个重要特征,那就是对任何古典形式法则的反抗,是一种"无形式"或"反形式",导致这种趋向出现的重要原因就是生命的冲动。形式的革新在齐美尔那里成为生命力发展的需要,这与当时德国流行的生命哲学有关,齐美尔显然受到了这种哲学理念的影响,才会如此强调内在的生命精神的作用。

生命的迸发已经不能拘泥于古典的审美形式,而必须在新的文化转变中迈向新的审美形式的革命。对此,齐美尔重点分析了艺术中的表现主义倾向。在齐美尔看来,表现主义的根本原则就是艺术家的内在情感在其作品中延续和扩张。"表现主义是指艺术家的内在推动力渗透于艺术品中,或更确切地说,艺术品中充满了经历。其意图不是去表达或包含被外在真实或理想强加于自身形式中的推动力。"[1]艺术家的内在推动力不像自然艺术家一样是来自对任何实在或事件的模仿,也不像印象艺术家一样以感觉印象来创作,在齐美尔看来,印象主义并不是艺术家纯粹的个人创造,它还受到

---

[1] 齐美尔:《时尚的哲学》,费勇等译,北京:文化艺术出版社2001年版,第158页。

外部各种因素的影响,反映印象主义的创作是艺术化个人和外部因素的混合。印象艺术创造出来的相似性只是一种主观步骤,这种相似性的最终实现必须依据来自生活的某种外在东西,如传统、技术、某种模式或已建立的法则等。但所有这些都是妨碍生活的,如果将生命精神装入这样的形式中,它只有借助歪曲、僵化、不合逻辑的伪装才能在创作中生存下来。

与印象主义的创造不同,表现主义则是一种纯粹的创造。齐美尔认为,可以把表现主义画家在其纯粹形式意义上的创作过程想象成一种纯粹过程,因为感情动力是被自发地转入到拿着画笔的艺术家手中。表现主义艺术家的画布上传达出来的形状是生活的直接沉淀,它不会被任何外在综合因素改变。艺术家内在的推动力在其工作中才喷涌而出,并且往往来自不可名状的或不可辨认的灵魂深处。[1] 齐美尔强调,在表现艺术家眼中,只有艺术家的内在创造性才是创作的根本原因,而且内在创造性与外在客体之间的动力联系纯粹是自然的和内在的,它要求艺术的创作与外在客体保持刻板的相似性。在许多表现艺术家的作品中,有着远超作品本身的强烈的生命力,它们从难以企及的深远的灵魂深处喷

---

[1] 齐美尔:《时尚的哲学》,费勇等译,北京:文化艺术出版社2001年版,第158—159页。

涌而出，就像澎湃不息的巨浪。在表现艺术家眼中，艺术不是模仿客观现实和表现可视的现实，而是表现内在精神的美。

由于重视艺术内在的灵魂生命，表现主义艺术体现出对所有形式的反叛与拒绝。在表现艺术家看来，艺术家的生活仅仅服从于生活本身，并不受任何外力的干扰。艺术创作的目的是"用自己来表现自己，并因此它拒绝被包含在任何形式中，这些形式往往被外加于任何有效的真实，或是法则。从概念上说，以这种方式创作的艺术品最终具有某种形式。但就艺术目的而言，这只是不可避免的外在附属物。正如所有其他的艺术概念，它本身并不具有任何意义，只是为了其实现的基础，而要求创造性的生活"①。表现艺术家所注重的只是个体内在的创造生命力的表露，至于它们以何种形式体现出来，这是次要的。形式本身对于艺术品而言没有任何意义，仅仅只是一个外在的承载物而已，只是艺术品的一个无关紧要的外在附属物。"在所有伟大艺术家和艺术品中，还存在着比纯艺术效果更深远、更昂贵以及更神秘的源头。它被累积，然后由艺术表现出来。在经典作品中，它完全融于艺术之中。但它所实际相冲突的，或毁坏的恰恰

---

① 齐美尔：《时尚的哲学》，费勇等译，北京：文化艺术出版社2001年版，第159页。

是艺术形式。"①

齐美尔多次表明,在表现主义艺术中,生命或灵魂无论什么时候都只愿意表现自己,它力图突破强加在它身上的任何形式。因此,表现主义艺术在对形式的反叛与革新中,形成了独特的艺术风格——无形式。一方面,这是艺术自身发展的要求,艺术的内在生命一旦与艺术形式相冲突甚至摧毁艺术形式时,生命就能达到更高的分化和更有自我意识的表现;另一方面,一部分现代青年之所以追求完全抽象的艺术,可能是因为过于爱好直接的、不受限制的自我表现。齐美尔强调,在现代文化中,"过去与现在的文化形式之间的桥梁似乎被摧毁了;我们只有注视我们脚下未形成的生命的深渊。但也许这个无形式的东西自身就是适合的形式。"②沿着齐美尔的讨论进一步深入下去,我们发现,在某种意义上,表现主义对形式的反叛与革新也许就是康德与利奥塔意义上的崇高。在康德看来,无形式是崇高的特征,而美则是有外在形式的一种审美活动;而利奥塔所说的崇高也主要强调当代艺术的无形式或反形式中所蕴含的审美精神。

关于表现主义对形式的革命,齐美尔还以表现主义的先

---

① 齐美尔:《时尚的哲学》,费勇等译,北京:文化艺术出版社2001年版,第160页。
② 转引自刘小枫编:《人类困境中的审美精神》,北京:知识出版社1994年版,第258页。

驱伦勃朗为例进行了分析。齐美尔指出,伦勃朗绘画作品中人物形象的个性化,是一种从内部发展和把握的生命,它赋予绘画的形式不同于古典艺术的意义或另一种必然性。在古典艺术中,形式意味着外观要素通过相互作用的逻辑彼此决定,但对伦勃朗来说,"形式意味着从一个源头流动而来的生命,其结果是生命催生了这种形式,或者就像生命总体性和最清晰直觉所表现出来的那样,它存在于形式的不断生成中。"① 伦勃朗在符号再现中通过自我内心中重构作品人物形象,"个体的全部生命冲动,仿佛在某一点被聚集在一起。艺术家通过所有场景和命运把握这一点,直到它被赋予外观,因此——完全与个体的运动相一致——这些显而易见的个体瞬间出现在我们面前,就像什么东西从一个遥远的起点缓缓走来,并逐渐聚焦于自身内部。"②

齐美尔认为,在古典艺术中,作品是根据生活现象寻求形式,伦勃朗则力图通过形式来表现生活。"在古典艺术中,生命出现的目的似乎只是为了引出形式,然后让形式自娱自乐。与伦勃朗相反,形式只是生命的各个瞬间。这就是生命决定中永不后退的焦点。准确来说,形式只是生命的本

---

① G. Simmel, *Rembrand*: *An Essay in the Philosophy of Art*. New York and London: Routledge, 2005, 51.

② G. Simmel, *Rembrand*: *An Essay in the Philosophy of Art*. New York and London: Routledge, 2005, 52.

质——也就是它的存在——向外转化的偶然方式。在所有伟大的艺术经典中,如伦勃朗一样,对艺术的最终分析是生命与形式的统一。但古典艺术通过形式寻求生命,伦勃朗则通过生命寻求形式。"①古典艺术总要表现出一定的形式,一种表面各部分相互之间规律性的关系。在其中,生活本质决定了形式的实现,并在这种形式中寻求艺术生成的意义。

齐美尔发现,在伦勃朗的绘画作品中,人们找不到抽象的、超越个性的轮廓图。因为这些艺术中的每一幅画仅有它自己的形式,内容不可能插到它的形式中去。形式只存在于个性之中,这恰恰说明"往往只是个人的生活,在任何情况下只能在这么一条渠道里经历的生活,才在这里决定了艺术表现"②。在伦勃朗的作品中,人物形象"决不会想到观众,它们不表现自己,它们的存在曲线返回到自己,决不转向外表,而且只含有它们的个性和命运。因此,它们很难用普遍的概念来刻画自己的特征。它们是聪明的还是笨拙的,高傲的还是谦虚的,坚强的还是柔弱的,都不是印象中最重要的,因为它们不表现自己,也不表现那些总是普通性的、超越个性的东西。它们只是从个性特点中来,深入到个性特点中去的,并非来自典型特性,因为艺术家必须把他的艺术原型风格化而

---

① G. Simmel, *Rembrand*: *An Essay in the Philosophy of Art*. New York and London: Routledge, 2005, 54.

② 齐美尔:《桥与门》,涯鸿等译,上海:上海三联书店1991年版,第187页。

成为'典型'这一古罗马文艺的要求对这种艺术简直也是不起作用的。"①因此,伦勃朗心目中的创作动机不是源自生活的永恒完美,而是源自自己的内心世界。齐美尔强调,与命运交织在一起的内在动力,不断地促使伦勃朗进行创作,并最终决定了他对作品中人物形象的刻画。正是如此,这些纯粹出自内在的决定性的动力,现象的表面所表现的是美还是丑,显然有时是完全偶然的。

齐美尔对宗教、法律、习俗、经济、伦理等形式与生命的关系分别展开了讨论。通过对这些形式与生命关系的探讨,齐美尔表明,这些系列有着相似性,似乎都是一个有机的统一体。"在这个统一体中,形式上的基本过程通过自己的内容进入了该过程自身有差别的特性之中。"②同时,这些系列之间存在特殊的相似性关系,只能通过先验论的方式展开分析。"正如生命在其生理阶段是一种持续不断的生产一样,所以简而言之,生命总是额外生命——这样,在精神阶段也就产生了一种可以说是超越生命之物,即:对象、形体以及重要的和有效的东西。生命的这种自我超越并非一种附加物,而是它自身的直接本质;只要生命公开这种本质,我们就把

---

① 齐美尔:《桥与门》,涯鸿等译,上海:上海三联书店1991年版,第190—191页。

② 齐美尔:《生命直观》,刁承俊译,北京:生活·读书·新知三联书店2003年版,第80页。

它称为精神生命,它也就会超越所有主体心理上的东西,甚至变成某种对象并由自己发展成对象。"[1]

在这里,齐美尔进一步强调了生命的超越性观点:

> 创造性的生命(紧随正在产生着的生命)在不断地超越自我,因此这种生命甚至把它的另一种面目放到自己面前,因此这种客观性作为它的产物,作为同另一种面目一道形成的生长关系,也就证实该生命把那种客观性的意义、结果和标准化都已重新全部包括进去,并按照生命本身所塑造的形象来塑造自己。我们就把这个转动点上之物称为客观性,这种客观性对于主体而言是超验的,但它又绝不是主体的一种单纯的伪装。更确切地说,两者作为现实,一旦变成了精神生命,它们也就成为生命发展的阶段。这里的精神生命当然是通过这一种生命来实现那一种生命,但又在这个对那个的反作用中显示自己的统一的。因为一种更高级的客观性已经发展起来,并已进入不可限量的文化过程,所以在相对主义的过程中,独立于主观心理事件的客观形象和真理、规范和绝对性都想超越这种事件,直到连它们也被

---

[1] 齐美尔:《生命直观》,刁承俊译,北京:生活·读书·新知三联书店2003年版,第80页。

认为是主观的为止。当然,该过程的整个悲剧,特别是精神的悲剧也就在于此:生命作为呆板的客观形体往往在从自己内部产生的形体上碰得头破血流,它找不到接近那些形体的道路,并且主观上也不满足于按照它们的形象所阐明的要求。①

在齐美尔看来,艺术、宗教、法律、习俗、经济、伦理等领域都是生命客观化的形式体现,它们是创造性生命的对应物。正是借助这些生命形式特有的、独立于现实生命的意义,创造性生命的超越性或先验性才得以体现和突显。在这里,齐美尔可谓在理念层面进一步呼应了第一章"生命之超验"的主题。

第三章　死亡与不朽

齐美尔强调生命是一个流动性进程,"世界作为一个整体,处于一种不断生成和消亡的状态中,世界的存在是一个永无休止的游戏。"②在齐美尔对生命内涵的表述中,超越性

---

① 齐美尔:《生命直观》,刁承俊译,北京:生活·读书·新知三联书店2003年版,第80—81页。
② 齐美尔:《哲学的主要问题》,钱敏汝译,上海:上海译文出版社2006年版,第71页。

是生命的内在本质,构成生命的核心特征,构建了生命的意义和价值。在本章,齐美尔通过对死亡、不朽、命运等概念的分析,进一步从价值论层面丰富了生命的超越性这一主题。在齐美尔看来,生命形式的不断生成和消亡,是流动性生命内部的永恒主题。死亡是生命进程中的一个阶段,生命只有将死亡纳入自身的完整性中,其价值与意义才能获得提升。因此,如何在现实的生命事实中,探讨生命、死亡与不朽的关系,寻求和突显生命的价值和意义,是齐美尔生命哲学的主要关注点。

一、死亡的本质

齐美尔从死亡角度区分了有机体与无机体。"有机体本质的条件也就是它表现形式的条件,而对于无机体来说,表现形式的条件则存在于它自身之外。"[1]齐美尔指出,对无机体来说,生命本身是形式,死亡意味着无机体的终结。无机体的形式是由外界决定的,当形式受到外在的化学或物理影响而发生变化,则意味着无机体的死亡。对有机体来说,空间与时间是生命本身的界限,死亡并不是有机体的终结,只是生命在时间上走到了尽头。有机体生命本身的形式在不

---

[1] 齐美尔:《生命直观》,刁承俊译,北京:生活·读书·新知三联书店2003年版,第82页。

断变化,生存与死亡只是有机体生命内部的形式变化。死亡并不意味着生命的终结,而是生命的另一种存在形式,彰显出生命的成熟。有机体通过对生命的适应,在存在的时间中保持自身。如果这种适应出现问题或失灵,也就意味着死亡。对有机体而言,它的形式是从其内部产生的,当有机体内部诞生形式的力量达到极限时,则意味着有机体的死亡。

通过从死亡角度对有机体与无机体进行区分,齐美尔暗示了死亡的本质意义:死亡是生命的形式界限。"形式的奥秘就在于:形式即界限;形式就是事物本身,同时又是事物的终结,是事物的存在与不复存在在其中合而为一的范围。"[1]在这里,齐美尔从形式层面论及生命的界限:对个体而言,死亡是个体生命形式的界限,是个体存在与不存在的界限。对现实的个体生命而言,死亡是一种必然性,但对生命的连贯性来说,死亡是可以超越的生命界限。齐美尔强调,死亡并不是生命的终结,而是生命的延续。生命有着自身延展性,并在道德意义上继续下来。死亡从一开始就从内部与生命结下不解之缘,"对于多数人而言,死亡是飘浮在他们生命之上的令人不快的预言,然而它也只有在实现这一预言的瞬间才同生命有某种关系,这就好比有朝一日将会弑父的预言飘

---

[1] 齐美尔:《生命直观》,刁承俊译,北京:生活·读书·新知三联书店2003年版,第82页。

浮在俄狄浦斯生命之上一样。"①生命与死亡是相互联系的同一体的不同方面,在生命的每个时刻,个体都是必然走向死亡之人。

齐美尔从生理学角度对死亡展开了进一步分析,认为死亡只不过是身体的生理学或病理学变化。齐美尔指出,肉体死亡只是个体生理学上的某一个瞬间,对个体永恒的生命连续性而言,只是外部的"凹痕",是死亡的造型意义。死亡是生命连续性的肉体动因,是生命的物质对立面。然而,作为生命对立面的死亡恰恰源于生命自身,生命内部产生了死亡,生命在产生死亡的同时也包含着死亡。死亡是生命内部结构中的现象,死亡意味着生命的结束,但也建构了生命的意义。生命的外在形式因为死亡而终结,然而生命内在的连续性却不会终止。"死亡并非在死亡的时刻才限定,才塑造我们的生命,它本身就是我们的生命对所有内容进行润色加工的形式因素;死亡给生命整体带来的局限性,首先影响着生命的每一个内容和瞬间;假如内容和瞬间能够超越这些内在界限,那么它们当中任何一个的质量和形式也就会是另外一番景象了。"②在齐美尔看来,死亡是生命广度的一种体现,

---

① 齐美尔:《生命直观》,刁承俊译,北京:生活·读书·新知三联书店2003年版,第83页。
② 齐美尔:《生命直观》,刁承俊译,北京:生活·读书·新知三联书店2003年版,第84页。

他列举莎士比亚笔下的悲剧人物形象为例,认为当伟大的悲剧人物开口说出第一句台词时,观众就能感受到他们命运的无法摆脱。齐美尔认为,人物结局的无法避免并不是指命运的咄咄逼人,也没有暗示命运纠葛的错综复杂,而是对生命的深刻性和必然性的隐喻。

齐美尔认为,死亡彰显了生命的强度。死亡是生命的提升和深入,只有将死亡纳入自身,生命才能在真正意义上得到提升。死亡决定了生命与世界关系的先验内容,生命无法避免死亡,这是个体生命的必然归宿。但就整体性的连续生命而言,死亡是生命必然要经历的内容。生命通过对死亡的克服,将生命的内容在伦理意义上进行延续。死亡虽然终结了个体的现实生命,但却延续了整体生命。"对于死亡的惧怕和对于死亡的不可避免所感到的压抑,仅仅由于对死亡的到来没有把握,因而达到一种可以忍受的地步,即在某种程度上给人们提供生活乐趣,发挥力量和仅为我们熟知的生命生产力的内部活动以回旋余地。"[1]生命存在于我们的生活中,死亡是生命过程中的已知事实,但生命主体并不知道死亡事实发生的确切时刻。个体生命的感性知觉建立在"知道事实"的基础上,却不知道事实发生时刻,更不了解诸多偶然

---

[1] 齐美尔:《生命直观》,刁承俊译,北京:生活·读书·新知三联书店 2003 年版,第 86 页。

性对于个休生命存在所具有的深刻涵义。因此,个体拥有的生命力强度如何,以及是否具有超越生命形式的冲动,成了关键性存在。基于此,齐美尔强调,死亡对于生命的形式作用,以及死亡的必然性和非确定性,水乳交融地寓于生命之中,反而赋予生命以强度和直面死亡的勇气。

齐美尔批判了基督教关于"生命从属于死亡"的观点,认为在基督教教义中,死亡的意义被无限放大,这是对生命意义的表面化或歪曲化理解。齐美尔指出,生命并没有伴随死亡而消失,死亡是对生命的形式超越,它超越了生命的外在形式,但实际上却寓于生命内在本质的连续性中。死亡是生命的延续,是对生命自身局限性的突破,"不仅仅因为生命这条贯穿时间始终的线超越了生命一端的形式界限,而且还因为生命由于它单个因素的永恒结论,否定了在所有这些因素中发挥作用并在内部限定它们的死亡。"[①]生命所依靠的是自己的内在积极因素,死亡对生命的影响,只涉及生命的外在形式,或者说涉及与真正的生命连续性本质毫无关系的外围事物。"今世的生存连续不断地决定着我们来世的,但肯定不包括丝毫死亡的生存。由于这种连续性,死亡甚至在自己

---

① 齐美尔:《生命直观》,刁承俊译,北京:生活·读书·新知三联书店2003年版,第89页。

这一'痛苦'中失去了生气勃勃的意义。"①

二、生命与死亡的对立统一

齐美尔指出,生命与死亡是对立的统一体,死亡其实也是生命的创造者。"生命每走一步,不仅表明在时间上更接近死亡,而且还通过死亡这一生命的现实要素证明自己的造形是实在的和先验的。就是说,现在正好由避开死亡来决定这一形式,因为职业和享受、工作和休息以及我们所有别的、自然观察到的行为方式,都是在本能地或者自觉地逃避死亡。"②个体实践行动的本质是获得生命与逃避生命的统一,生命的适应过程,从另一个角度来说,实际上表现出对死亡的惧怕或逃避。个体努力生存所消耗的生命,是为了逃避死亡,但也使个体进一步地接近了死亡。

齐美尔认为,任何事物都有其对立面,生命与死亡就是如此。生命与死亡的对立统一也是生命内容与形式的对立统一。生命内容与生命形式作为对立统一体的两面,二者的分离是通过生命过程屈服于死亡而实现的。"生命自愿要求死亡作为它的对立面,作为某物就要成为的'他物'。要是没

---

① 齐美尔:《生命直观》,刁承俊译,北京:生活·读书·新知三联书店2003年版,第89页。
② 齐美尔:《生命直观》,刁承俊译,北京:生活·读书·新知三联书店2003年版,第91页。

有这种他物,某物就根本不会具有自己特殊的意义和形式。生命与死亡在命题与反命题的范围内同处于存在这一层面上。"[1]由于个体死亡的必然性,经历的生命也就是某种偶然的已逝事物,甚至是生命之外的另一种存在。正是因为这个原因,我们才会注意到,生命过程中某些内容独立于生命形式,产生了超越死生之外的意义。

齐美尔指出,个体的实践生命过程是永恒生命之流的构成部分,它可以达到自身纯粹的高度,获得生命的超越意义。即便如此,但"生命要么把超越自己的内容吸引进来,要么自己涌入这些内容之中,这样它就会在不失去自己的情况下超越自我,说实在的,其实也是先要赢得自我;因为只有这样,它的流逝作为过程才能获得某种意义和价值"[2]。在齐美尔看来,死亡虽然可以终结个体生命的进程,但却不能宣布生命内容的意义无效。死亡终结的只是一个时段的生命进程,但死亡对个体生命进程的终结恰恰从另一个角度说明了生命之流的永恒性。由于死亡的存在,生死的对立统一获得了更高的价值与意义。

死亡是生命本身所固有的组成部分,是生命的表现形

---

[1] 齐美尔:《生命直观》,刁承俊译,北京:生活・读书・新知三联书店2003年版,第92页。
[2] 齐美尔:《生命直观》,刁承俊译,北京:生活・读书・新知三联书店2003年版,第93页。

式。生离不开死,死也离不开生。死亡环绕在生命的每个阶段,时刻潜隐并渗透在生命中。死亡与生命是不可分割的,死亡并非生命的对立物,而是生命本身应有之物。生存就如同一条线,线的首端连接着生,线的末端连接着死。齐美尔以意志为例阐释了生与死的对立关系。"正如生命的过程必须通过死亡来否定,好让生命的内容在它们那超越过程的意义中显露出来那样,意志的内容必须由不满来否定,以便意志的过程——这个充满愿望,作为个人的自我,能在超越各种能说明的内容联系时显示出来。"[①]齐美尔表明,死亡从一开始就与生命有着内在关联,个体的现实生存就是向死而生,现代个体在生命的每个时刻都是将死之人。也就是说,在生命的每个阶段,死亡其实起着对生命的限定和塑形作用。个体只有直面和超越死亡,超越生与死的对立,超越生命的内容与形式的对立,才能真正进入生命的深度,最大限度地挖掘生命的价值和意义。

个体意识作为自我的内容在死亡事件中,显现了个体肉身存在的确定界限。个体肉身存在的自我是生命的界限,是生命形式的表现条件。死亡是个体肉身无法摆脱的偶然性过程和结局,是生命形式发展的必然性结果。在死亡的瞬间过

---

① 齐美尔:《生命直观》,刁承俊译,北京:生活·读书·新知三联书店2003年版,第96页。

程中,个体意识到其作为生命形式的存在,这也意味着个体意识具有了超越个体生命限定形式的冲动和可能性,使个体展现出因超越而可能获得的生命新图景。在死亡对生命的否定中,个体生命形式的终结反而会使个体的内在生命广度得到拓展,使生命的连续性变得更为深刻,个体也因而会在生命形式的终结中进入生命整体性的更高、更深层次。在这个意义上,死亡问题可以说与自我成长一起发展到了一个新的阶段。因此,当个体意识到死亡是对生命形式界限的超越,是获得生命过程连续性的展现时,个体就能摆脱生命个别内容的偶然性,进而使个体的自我生命形式发展到新的阶段。

生命与死亡处于对立的统一中,个体通过对死亡的逃避来确证生命的存在,但无论如何确证,个体确实又在无限地接近死亡。死亡带给生命超验性体验,但同时也构成了个体无法绕开的死亡现实。死亡是个体客观性的终结,但同时作为生命的对立面,恰恰论证了生命的存在。可以说,生命与死亡在彼此的对立中互证了自我的存在意义和价值。这种存在意义与价值超越了单纯客观的生与死,展现了生命的超验性。齐美尔认为,当死亡降临时,生命中的偶然内容不再成为生命过程的一部分,而成为即将消逝的内容。在这种情况下,个体更会关注这些偶然和易逝的内容,并将其提升到一个超越生命现实存在的高度。

三、死亡与不朽

不朽在不少人看来,意味着生命的延续或对死亡的超越。在齐美尔的生命哲学中,不朽并不是指生命的永恒不朽,而是一个与心灵概念密切相关的范畴。齐美尔认为,生命是心灵的载体,生命力的源泉是心灵。生命和死亡都是心灵存在的形式,心灵既存在于此岸的肉体之中,也存在于彼岸的死亡之中。从心灵的层面来看,不朽性是一种假设。不朽存在于生命的进程中,也是生命的一种形式,是生命超越性的一种体现。

在齐美尔眼中,精神生命过程与生命对自我形体的超越密切相关。"这种自我寓于奇特的,仍然需要进一步阐述的,属于第三者的范畴之中,同时又超然当时存在的现实以及非现实的,仅仅是所要求的价值观念之外。"[①]自我在发展中连同内容一起从生命过程中分化出来,但却获得了特殊的意义和价值、存在和要求。自我在客观存在中极其密切地同生命过程的个别内容融为了一体。齐美尔指出,生命是奔流不息的过程,在这个过程中存在着生命的各种形式、表象和内容。个体意识到的表象和内容并不能涵盖生命的全部,生命内容

---

① 齐美尔:《生命直观》,刁承俊译,北京:生活·读书·新知三联书店2003年版,第96页。

的剩余物就存在于生命的超越之中,以不朽的方式体现出来。生命内容的剩余物有着对生命未来的向往,它驻留于生命的超验之中,并不会随着肉体的死亡而消失。个体生命有着无限的可能性,现实的自我是生命呈现出来的被实现的可能性,但更多的可能性和丰富性则被生命过程隐藏和遮蔽了。生命中隐藏的无穷性并不会全部体现于生命的外在形式中,而是隐藏在心灵中,不朽性就是生命的无限性、可能性和丰富性在肉体死亡后的时间延续。心灵成为此岸与彼岸沟通的媒介,不朽作为生命所隐藏的无穷性的容器,体现了生命、死亡与心灵之间的复杂关系。

齐美尔认为,自我发展在客观上要求从生命内容的偶然性中摆脱出来,要获得关于自我的感知与理念,要超越生命内容偶然性的发展。基于此,一种不朽的观念及其意义由此生成。"死亡之所以让生命沉沦,似乎是为了让生命内容的永恒性释放出来,因此,在要么必须不断完成,要么应当继续存在的自我的要求——那个永恒性的反面——并未因此获得某种结果的今天,它就从分界线的另一面来结束某些内容的体验系列。当不朽性成为众多有深刻思想之人的渴望时,它的意义就是:自我能够彻底摆脱个别内容的偶然性。"[1]在

---

[1] 齐美尔:《生命直观》,刁承俊译,北京:生活·读书·新知三联书店2003年版,第97页。

齐美尔看来,死亡与不朽是生命过程中具有不同本质的两个范畴,前者是指肉体/个体的消逝或终止,后者则指生命精神摆脱生命形式的偶然性,以其他形式获得永恒。可以说,齐美尔眼中的不朽,就是精神生命或心灵生命对肉体死亡瞬间的超越。

在齐美尔眼中,死亡是生命与不朽之间的一条界限。"在界线的那一边,自我生命所能陈述的单个内容正在减少,生命的存在或者过程只不过是一种单纯的理应如此,一种纯粹的自我明确而已。……这就是说,来世的生命退回到了纯粹的作用上,它再也不会有对象,它已经变成纯粹的自我,即这个自我包含在自身内部的生命——取消客体在这里被介绍给自我的这种纯粹'生命',因为这个自我就是宇宙。"[①]心灵只能存在于生命的肉体这一特殊形式的彼岸,它没有肉体依托就无法生存,这里的彼岸其实也就是对生命肉体的超越。齐美尔认为,"从生命过程对它所能陈述的每一种单个内容的这种超越中,产生出心灵无限的常情,而这种感情是并不会同心灵的死亡协调一致的。这种情况大大超越了我们所经历的那些单个事件。在每个人身上都潜藏着变成与

---

① 齐美尔:《生命直观》,刁承俊译,北京:生活·读书·新知三联书店2003年版,第98页。

其本来面目大相径庭的另外一个人的大量可能性。"[1]在齐美尔看来,个体的现实充满了难以估量的活力和可能性趋向,且有着内容的无限性。这种无限性,其实可以说就是一种时间范围内的不朽性。

齐美尔认为,并非所有的人都会不朽,这取决于个体的"质"的高度。齐美尔援引歌德将不朽性视为精神贵族特权的观点,认为不朽性存在的理由在于个体"质"的高度以及"绝无仅有性"。歌德给个性保留最大限度的不朽,是因为在歌德眼里,个性的意义越缩小,其不朽的合法性也就越小。齐美尔援引歌德的理论强调了心灵的重要性,认为心灵可以战胜死亡。心灵越重要,就越是无法被取代,它的毁灭也就越具有不朽性。不朽对应的个体是有着特殊意义的个体,生命形象的个体化、无法替代性和独特性是生命的最高值。"只有这些'绝无仅有的'人才会完完全全死去,只有他们的死才会改变宇宙观的性质。而普通人的死却不能引起这样的改变,因为他们在某一点上失去的质又会在无数别的点上继续存在下去。"[2]不朽是特殊性个体的生命进程,有着特殊意义的个体的死亡才是真的死亡,才能让死亡生成不朽的

---

[1] 齐美尔:《生命直观》,刁承俊译,北京:生活·读书·新知三联书店2003年版,第99—100页。

[2] 齐美尔:《生命直观》,刁承俊译,北京:生活·读书·新知三联书店2003年版,第110页。

意义。

在齐美尔的理论中,虽然个体会死亡,但种属却不会;虽然个别的种属会死亡,但生命却不会;虽然生命会死去,但物质却不会;虽然作为存在内容的物质会消逝,但存在本身却不会消逝。因此,作为个体的生命会绝对死去和消逝,但生命的本质及其精神遗产会留存下来。从不朽的角度来看,普通人的世界如同一张不记名的证券,而以类属性生命存在的"不朽"个体却过着一种并非完全属于自己本人的生活。"按照种属类型的形式,并以种属类型的内容来度过一生的人,本来就是不朽,至少也同种属一样不朽。"[①]在齐美尔眼中,普通人的死亡只是生命的质中某一点的消失,它的消失可以通过质的其他点继续存留下去。真正有个性意义的人,他的形式是特殊的,他的死亡不会通过其他质的点延续下去,因而才会产生心灵层面的不朽性。

齐美尔特意提到了形式的不朽问题。在他看来,形式的不朽不同于物质的不朽,形式的不朽远远超过物质的不朽,真正有价值的形式是不可复制的。形式的不朽"犹如一个概念或者一个真理,完全离开了时间的持续,而且就同这个时

---

① 齐美尔:《生命直观》,刁承俊译,北京:生活·读书·新知三联书店2003年版,第112页。

间的持续一样,是绝无仅有的。"①在齐美尔眼中,生命的形式尽管只实现一次,但这种形式却具有永恒的效用,形式只存于想象之中,它并非活着,所以也不会死亡。精神材料需要借助作为个性的精神形式,且在内容与形式的结合中,获得各种各样的形象。"形式是永恒的不朽,而材料却是暂时的(因而也是相对的)不朽。在形式和材料相互结合时,就会出现一种作为暂时因素的现实个性。它们之间的结合越容易,也可以说是越机动灵活,真正具有的个性越少,那种暂时因素的暂时性也就越小。在现实个性彻头彻脑地成为暂时因素的地方,当永恒的形式仅仅在这一部分生命物质中实现并得以时间化、材料化之时,整个形体的毁灭就意味着形式同现实的最后诀别。"②

在齐美尔眼中,不朽也是超越性的体现,是对生命形式的时间性超越。齐美尔认为,生命不会停留在某一固定的方式或形式上,它会以一种恒久的方式在某个时刻呈现出来,这种恒久的形式也可以不朽。"我们称之为人类精神'不朽'成就的东西,即所有那些保留在某种形式(尽管只是口头流传的形式)中的观念和发现、作品和启示——所有这一切都

---

① 齐美尔:《生命直观》,刁承俊译,北京:生活·读书·新知三联书店2003年版,第112页。
② 齐美尔:《生命直观》,刁承俊译,北京:生活·读书·新知三联书店2003年版,第114页。

在每一个事先并不存在的心灵之中产生,并于历史性的瞬间在该心灵内重新发出光亮来。"①"正如一种艺术形式作为范例和象征可以经历各个时代复制出来那样,一个永恒的典范尽管按照具体物质而言,它的真品早已毁灭,但其精神和想象中的意义却继续存在。"②"不朽之所以把无限延长的生命超经验的、过于偶然的系列放到生命的历史性偶然出现旁边,这完全是因为生命已经产生的缘故。"③在齐美尔看来,虽然不朽观念的起源于某一瞬间现实的单纯事件中,但不朽观念应当居于超历史性的永恒事物层面上,与灵魂概念相关。因为灵魂的存在,肉体的历史性瞬间变得没有绝对存在的意义。肉体存在成为偶然的被他人观看的瞬间,成为灵魂存在于其中的前前后后的生命展现的一部分。

齐美尔认为,当个体在某一时刻产生客观的精神产品,当艺术品具有独立于历史和某一时刻的意义和特征,也就意味着不朽性的产生。"人类伟大的'永恒'思想实际上存在于一种想象的永恒之中,它们如今与其说是在一种偶然的,还不如说是在与思想史的状况相适应的瞬间,仅仅为自己的

---

① 齐美尔:《生命直观》,刁承俊译,北京:生活·读书·新知三联书店2003年版,第116页。

② 齐美尔:《生命直观》,刁承俊译,北京:生活·读书·新知三联书店2003年版,第117页。

③ 齐美尔:《生命直观》,刁承俊译,北京:生活·读书·新知三联书店2003年版,第118页。

'创造者'们所实现和发现,却并非为他们所发明。"①齐美尔以艺术家的创作为例指出,艺术家会产生一种感觉,即他们并不是自己作品的创作者,而只是对想象中存在物的幻象进行复制罢了,如柏拉图强调诗人对理念世界的回忆,就是建立在这样的感觉基础上。因此,"只有当生命原则上不停留在经验局限性的形式上,不作为单独的个体在人世间诞生,而只是作为永远存在的一个单纯片断时,它的不朽才不再成为叫人难以忍受的,从事物的一个级别向另一个迥然不同的级别的飞跃。"②在这个意义上,不朽意味着死亡并非生命的结束,而仅仅意味着生命的一种个人形式的终结。

生命的意义与价值缘于个体生命的个体化与独特化,这在齐美尔看来是人与人的本质区别,以及个体所肩负的责任感的体现。在现实的生命之流中,不同的个体具有差异性,因而存在不对等性。不朽性作为超越死亡存在的东西,体现在心灵无限的生命创造中,存活于生命的精神与想象中。借助死亡,生命超越了经验性的狭隘形式。死亡是个体经验形式的终结,但绝不是生命之流的终结。齐美尔把生与死的对立从绝对主义转向了相对主义,生命与死亡通过不朽这个概

---

① 齐美尔:《生命直观》,刁承俊译,北京:生活·读书·新知三联书店2003年版,第118页。
② 齐美尔:《生命直观》,刁承俊译,北京:生活·读书·新知三联书店2003年版,第119页。

念,因而获得了一种相对主义的和解和统一。

四、命运概念

在本章,齐美尔临时插入《对于命运概念的说明》一文,对命运概念及其与生命的内在关系展开了讨论。齐美尔认为,命运概念对生命进程有着重要影响,"在生命以命运概念——该概念在一个双重前提的基础上崛起——的面目出现时,一种截然不同的偶然性就会发挥作用。"[1]当命运降临时,一种无法逃避的偶然性便会生成,命运呈现了主体与周围世界遭遇时的偶然性反应。个体的生命进程有其自身的意义和向度,个体周围世界所伴随的与个体相关的直接或间接的事件,对个体会生成反向度的张力,促进或妨碍个体原本的生命进程。事件本身与个体是不相关的,但在与个体的遭遇中表现出一种偶然性,因而建立了与个体生命的关系,获得了生命的意义。这种遭遇中的偶然性,在齐美尔看来就是命运。

命运概念首先需要一个主体,这个主体自愿地独立于各种"事件"之外,"包含着或表现着一种意义,一种内心的倾向

---

[1] 齐美尔:《生命直观》,刁承俊译,北京:生活·读书·新知三联书店2003年版,第102页。

和一个要求。"[1]其次,命运特殊性在于外在客观事件由于某种因果关系与内在主观生命产生关联。"客观事件的一个纯粹按因果关系进行的阶段同某个从内部决定的生命的主观阶段紧密结合,同时,由于客观事件的那个阶段如今不是促进,就是歪曲这种生命的倾向和厄运,由于它从该生命看来获得了一种意义,一种同主体的关系,因此,那个多少是在外部,并且按照自身的因果关系发生的事件仿佛也是着眼于同我们生命的关系似的。"[2]

齐美尔认为,个体的生命一方面顺应外在世界的发展;另一方面又感受并拥有以自我为中心的个体存在。现实生命的进程会遭遇无数的偶然性事件,但并不是所有的事件都会对个体产生影响和意义,并非个体所遭遇的一切都是命运。"因为无数事件虽然触及到我们实际生命的外层,却没有遇到生命那种个体合用的,被视为我们真正自我的针对性。"[3]因此,当我们定义命运时,实际上取消了这两者之间的纯粹偶然性。在命运中,个体生命呈现主动性与被动性的两

---

[1] 齐美尔:《生命直观》,刁承俊译,北京:生活·读书·新知三联书店2003年版,第102页。

[2] 齐美尔:《生命直观》,刁承俊译,北京:生活·读书·新知三联书店2003年版,第103页。

[3] 齐美尔:《生命直观》,刁承俊译,北京:生活·读书·新知三联书店2003年版,第104页。

极:以自我为中心的生命目的论;受命运影响的生命被动论。

命运不仅来自外在事件对个体生命的影响,同时也源于自我的分裂。齐美尔认为,纯粹的内部命运源于自我本身的分裂。自我分裂为一个主体和一个客体,个体不仅是认识对象,同时也是体验主体。"我们自己的感觉、思维和意愿—归入'事件'这一范畴之中,继续流动着的、主观的中心生命就会像受到外部世界的内容触动一样,受到它们的触动;一旦这种在我们全部性格的完整范围内进行的接触,不再被视为一种对于那种中心自我的内在含义来说,纯属偶然的纯粹事件,而是我们存在的这种表示原因的突然冒出来的、真实的东西适应接触的这种意义,并由该意义出发,获得一种——正在增强或正在转向,正在更动或正在毁灭的——新意时,我们便把该接触称为命运。"①在齐美尔看来,纯粹的内部命运是指个体的被动状态与主体的主动状态的接触:个体的被动状态成为某种有意义的东西,成为对个体生命有目的性的东西,进而成为影响个体生命进程的事件。

齐美尔认为,能被称之为命运的东西,必须是与个体精神保持一致的东西。"内部生命之流的流向决定着我们的命运应当是什么,而不应当是什么:它在一定程度上可以说是

---

① 齐美尔:《生命直观》,刁承俊译,北京:生活·读书·新知三联书店2003年版,第104页。

在触及到我们的众多事件中进行一种选择。"①个体只能认识与自己所获得的精神准则相适应的东西,命运是个体生命的自我建构。命运是生命内部的事件,只有当偶然性的事件参与到个体生命的自身建构,对个体产生了影响性的作用,它们才能归到命运的范畴内。在触动生命意识的过程中,个体的生命意识赋予事件与生命本身相关的意义。

齐美尔指出,命运并不是事件本来的特性,而是事件在与生命意识的关联中生成的,因此,命运也是生命的外部事物对生命本身的适应,"那种能为我们极其独特的生命目的所接受并能加工成命运的东西,才能变成我们的命运。"②外在事件由于关联了生命意识,因而在生命进程中具有了一种目的性。在称其为命运的事件中,我们会形成一种"非常必然的事物仍然是一种偶然性"的感觉。齐美尔同时提到了一种相反的情况,即出现在艺术中的命运:通过命运,个体的生命进程与外界建立了一种联系,偶然性从根本上来说就是一种必然性。"悲剧的主人公肯定会毁于某些外部情况与自身生命意图的摩擦之中;之所以单单发生这样的事情,恰恰是因为在这种生命意图中,一切都已事先确定——否则他的毁

---

① 齐美尔:《生命直观》,刁承俊译,北京:生活·读书·新知三联书店2003年版,第105页。
② 齐美尔:《生命直观》,刁承俊译,北京:生活·读书·新知三联书店2003年版,第105页。

灭就绝非悲剧,而充其量不过是一种可悲的事件罢了。"[1]

命运不仅呈现个体生命与外部现实或世界的关系,同时暗示了生命的超验性内容。当命运落到个体身上时,它会改变或突破个体的原本生命进程,客观性的事件意义超越了个体的生命主观意识。齐美尔并不认为这是命运本身的影响力,反而认为原因在于个体生命的先验造形力。在齐美尔看来,个体所遭遇的世界材料不是固定不变的,它们产生于生命的活力范畴之内。外在事件成为命运并不是取决于生命个体的主观性,因为在生命活动中,个体无法完全根据主观目的展开行动。这样一来,外在事件与个体遭遇时的偶然性力量就远远超过了个体的选择性力量。命运由此成为一种神秘的力量,被个体视为生命进程中的必然性悲剧。

第四章　个体法则

在齐美尔的生命哲学中,"现实"与"应该"是被频频提及的两个概念。"现实"对应的是生命的当下现实存在;"应该"对应的是生命的未来期待愿景。在本章,齐美尔重点讨论了个体和法则的关联以及如何构建个体生命的道德准则。齐

---

[1] 齐美尔:《生命直观》,刁承俊译,北京:生活·读书·新知三联书店2003年版,第107页。

美尔质疑康德式的道德律令和绝对命令,认为普遍法则对个体生命来说只是一种抽象法则,无法适用于个体的特殊性。一旦生命承认自己的个体性,"现实"与"应该"就会出现矛盾与对立。个体必然要从现实中抽取道德、法律等理想的法则来约束自我。但事实上,普遍法则都是现实生命的衍生品,并不是"理想"的存在,因此,应当将普遍法则转化个人法则。在个体的生命进程中,真正对个体的道德行为起作用的是个体法则,它起源于个体生命的现实性和客观性。通过个体生命进程中的伦理行为法则的选择,齐美尔再一次呼应和深化了生命的自我超越主题。

一、生命的"应该"

齐美尔提出"真实的"对象概念,"如果我们把某一对象称为'真实的'对象,那就等于说我们是要赋予它那能溢于言表的内容一种坚固性,一种绝对性。"[1]"真实的"对象内容具有坚固性和绝对性特征,可以容纳生命内容,所面对的是具有同样内容的其他想象方式,如"作为该内容现实主观衍生物合乎想象的或纯概念性的、划分为价值等级的和艺术的想

---

[1] 齐美尔:《生命直观》,刁承俊译,北京:生活·读书·新知三联书店2003年版,第129页。

象方式"①。"真实的"对象是与现实平行的范畴,但"置于现实这一范畴名下的对象的特殊地位和优先地位只不过意味着,我们习惯于按时间顺序把该对象当作首要对象,但由于实际的原因又可以把它视为最重要、最强调的对象"②。我们必须通过以其现实形式出现的事物,才能从这些事物中提取相关内容放到"真实的"对象范畴中。对"真实的"对象而言,现实有机而又牢固地长在自己身上,对象永远摆脱现实主体,现实主体即对象的生命。齐美尔将艺术、科学和宗教视为与现实等同的体验生命的第二范畴,在他看来,"把生命置于艺术的、宗教的和科学的观点之下,他都会同时把它理解为自己真实的生命,因为要是生命并非真实的,并不真正存在的话,那它就根本无法进行这种安置。"③

在"真实的"对象范畴基础上,齐美尔提出"应该"范畴。"我们是在,而且应当是在这一范畴之中,在某种程度上与那一范畴相平行,但又绝不会追溯到那一范畴的情况下,连续不断地体验我们的生命的——这里的'应该'并非从一开始

---

① 齐美尔:《生命直观》,刁承俊译,北京:生活·读书·新知三联书店2003年版,第129页。

② 齐美尔:《生命直观》,刁承俊译,北京:生活·读书·新知三联书店2003年版,第129页。

③ 齐美尔:《生命直观》,刁承俊译,北京:生活·读书·新知三联书店2003年版,第130页。

就只能理解为伦理学上的应该,它似乎还能理解为生命意识的一种非常普遍的集合状态。"①对"应该"范畴,我们不能局限于字面意义,它在齐美尔的理论中是表现生命存在方式的一个范畴,一个与生命的现实存在相对应的范畴。在齐美尔看来,"应该"与生命的"现实"一样,也是生命存在的一种方式。它们并不是外在于生命,或者说与生命相对立的存在,而是处于生命之流中的两种不同方式,是我们所体验到的生命事实。齐美尔强调,对生命而言,"现实"和"应该"都是生命状态,而且也都是真实的生命。因此,应当把生命的现实内容与生命的应该内容同样视为生命流动不息的两种形式,它们都是完全的生命体现,它们与生命的关系就如同自我意识认识自我时,同时作为主体与客体一样。

齐美尔认为,我们不能简单地从伦理学层面将"应该"理解为一种固化的理想或愿望,要将其理解为一种生命体验的集合状态。"希望和欲望、幸福论的与美学的要求、宗教的理想、甚至奇怪的想法和乱伦的追求都聚焦在这种集合状态中,而且往往还和合乎伦理的事物一道同时并存。"②"应该"就其本质意义而言,是一种道德形而上的理想境界。作为

---

① 齐美尔:《生命直观》,刁承俊译,北京:生活·读书·新知三联书店2003年版,第130页。

② 齐美尔:《生命直观》,刁承俊译,北京:生活·读书·新知三联书店2003年版,第130页。

"应该"的生命是真实的,它成为应该如此的生命,在奔流不息的生命河流中生产着各种内容。"无论是伦理学还是心理学的表象,最终都具有机械论的、由部分组成整体的倾向。正是这种不断流动的生命及其'应该',同该倾向形成鲜明对比,而这时,那时而汹涌澎湃、时而潺缓流淌的整个生命正如它是一种真实的生命一样,就是一种——积极或消极意义上的——理应如此的生命。"[1]"应该"范畴具有较强的伦理学意义,生命的"应该"和"现实"都是生命意识自我的方式。生命"应该"与"现实"的对立不符合生命之流的永动性,也体现不出个体本质的独特性。生命是正在展开的主观现实,是习以为常的表象。"应该"来自生命之源的另一个规则,来自生命的理想要求,所针对的是生命的主观"现实"。"必须有这样的基本认识:所谓相互对立的事物并非生命和'应该',而是生命的现实和生命的'应该'。现实与'应该'同样都是把我们生命的意识置入其间,并在其中能体验到的范畴。"[2]

传统伦理学强调和重视生命的"现实"意义,认为生命是与现实结合在一起的有机统一体,而"应该"作为"现实"的对立面,是以理想的方式存在的生命美好愿景,是生命的概念

---

[1] 齐美尔:《生命直观》,刁承俊译,北京:生活·读书·新知三联书店2003年版,第130页。

[2] 齐美尔:《生命直观》,刁承俊译,北京:生活·读书·新知三联书店2003年版,第131页。

形式或普遍法则,这尤其在柏拉图和康德的先验理论观念中体现得相当明显。齐美尔批判传统伦理学,认为生命的"应该"是生命的抽象存在,是生命内容的固化,它只是生命现实内容的碎片化整合,因而无法承载流动性生命中所内蕴的无限可能性。正是因为如此,丰富的生命可能性在个体那里消失殆尽,鲜活的个体生命演变成无差异的类本质存在。

"应该"进入生命的整体中,它并不是一种客观性原则。"应该"并不是生命的对立面,而是体现生命意识,能被体验到的生命形式。"主体经常意识到真正存在着的生命;但与此同时,它又在类别方面完全独立于应当如此的生命。这种生命与那种生命差不多,都是一种完整的生命。"[1]"应该"不是凌驾于生命之上的存在,也不是站在生命对立面的存在,它不会破坏生命的整体性。"因为它的水流在各条支流中流动,以及它最深刻的本质无论如何也不会在统一与众多之间进行合乎逻辑的选择中消耗殆尽这类事情,早已成为家喻户晓的事实。"[2]在齐美尔看来,"应该"是生命的一种形象,充满了未知和不可预测,人们也不能根据生命的"现实"与"应该"的对比来获得完整生命的体验总结。"应该"是包含生命经

---

[1] 齐美尔:《生命直观》,刁承俊译,北京:生活·读书·新知三联书店2003年版,第131页。

[2] 齐美尔:《生命直观》,刁承俊译,北京:生活·读书·新知三联书店2003年版,第131页。

验现实内容的集合体,道德法则只是生命的"应该"内容的抽象化和概括化。"应该"也不是生命的终极范畴,在它之上存在上帝、逻辑价值等其他范畴。

齐美尔强调,即便认为"应该"的内容与主体相对立,也应当把"应该"置于与生命的现实范畴等同的位置上,因为这种对立从广义上来说,是在生命主体内产生的完全客观的现象。"同时成为主体和对象这样一种包含着只是如此显示出来的生命一致性的对立,是有意识的精神的普遍模式;然而就连作为'应该'的生命也适应这种情况,因为这时它正把一种客观的规定同它的主观过程加以比较——正如自我意识是作为现实的生命二元论一样,这就是作为'应该'的生命二元论。"①在齐美尔眼中,"应该"只是生命的一种状态,只是生命的一种客观情态。"应该"是一种生命状态,就如同个体所体验到生命形式一样,无法预言。只有摆脱"应该"的目的论,才能将客观的"应该"生命融入整体性的生命进程中。齐美尔强调,"应该"并不是凭空产生的,它源于生命的具体展开,伴随着生命的现实而出现,它更倾向表现为善良意志而不是法则规范。齐美尔认为,道德的"应该"只有在很少的情况下才会以法则的面目出现。在道德生成过程中,当连接现

---

① 齐美尔:《生命直观》,刁承俊译,北京:生活·读书·新知三联书店2003年版,第131—132页。

实生命与应然生命的内省意志失效时,"应该"的某些内容才会发生作用,进而形成法则。

在康德的理论中,"应该"有着极强的目的论色彩,"应该"的目的性与现实生命无关或对立。"应该"作为道德法则有着终极审判的权威,强调从普遍性的法则中可以获得道德的必然性和合法性。齐美尔并不认同康德的理论,在他看来,生命的"应该"极少具有目的性。"应该"的内容是偶然的、各式各样的,它们"各自在心理上和历史上确定下来的内容,它们决不会形成系统的顺序——这是一个无须考虑的事实。这一事实丝毫也不能改变可以说是在想象中充斥于那些内容的客观性"①。齐美尔强调,"应该"的内容来自个体的生命整体,是根据对个体的想象所构建的理想生命形象关系。如果个体单纯的愿望或欲望虽然上升到"应该"领域,但依旧表现在自己的主观性中,就能将其与"应该"要素区分开来。"'应该'的内容来自个体的生命整体,因此根本不能按照一种普遍的法则把这一行动当作单个的,在随便多少个体身上都是客观上相同的行为来要求和评价,而要按照用想象中的线条专门给该个体织成的理想的生命形象的关系,按照其生命意义原则上的独特性——这就正如它的生命作为真

---

① 齐美尔:《生命直观》,刁承俊译,北京:生活·读书·新知三联书店2003年版,第133页。

实的生命就是自己个人的、显而易见的生命一样。"①

齐美尔认为,个体生存世界的周遭因素,如社会、家庭、宗教和职业都会对个体提出道德要求,但这些道德义务并不是真正的"应该"。因为要求和义务是外在的道德法则,而不是个体自身的道德法则。在齐美尔看来,只有根植于个体内在自我,从个体自身出发的道德要求才能成为真正的"应该"。如果将外在的道德要求当成"应该",生命自我就会沦为手段,会把生命的真正自我异化为社会文化的一个环节,个体就会受到各种外在形式的制约和要求,无法根据自己的生命内容和意义做出选择,无法确定生命的客观理想。

齐美尔强调,要探讨生命整体与生命的"应该"之间的关系,遇到的关键问题在于:生命的"应该"内容是生命的精神阶段产物,它如何产生自我的客观形体。在这里,齐美尔实际上讨论的是生命的永恒流动与外在形式之间的关系,也就是说,生命的持续流动如何通过外在的形式呈现出来。齐美尔再一次提到了生命与形式的矛盾冲突,他从基督教教义及其形式的冲突、经济生产力及其形式的冲突、艺术风格及其形式的冲突等方面详细论述了生命与形式的矛盾冲突。

齐美尔指出,"生命虽然制造各种形体,然而随着形体的

---

① 齐美尔:《生命直观》,刁承俊译,北京:生活·读书·新知三联书店2003年版,第134页。

制造,生命本身也就脱离本体,作为独立的形体出现在自己面前,因此形体的普遍命运如今也就系于创造性生命这一'应该'借以得到增强的标准、原则和要求。"①生命的内容与外在的客观形体由此产生冲突,形体构成坚实的外壳,一方面力图将不断动荡、不断变化、理应如此的生命溢出外壳;另一方面又力图将生命强行纳入自己的范围之内。在齐美尔看来,正在消逝的生命因为是精神生命,因而无法避免精神生命的自我矛盾。"那些由生命所制造并且生命也只能在其中消失的形式,具有一种由自身内在逻辑巩固下来的、过于生气勃勃的意义和持久性。生命这一'应该'永恒奔流、下意识区分和不断变换内容,正在抵抗该持久性对于生命标准化的要求;生命必然制造,因而也就能够表现这一形式(这里作为实际上必须表达的道德法则和超个人的评价)——而且正因为生命是不断生产着的东西,所以它也就感到形式的原则对它来说并不相宜。"②

总之,"应该"与现实生命并非势不两立,它们是生命整体过程中的不同样态。前者指一种理想的生命样态,后者指一种现实的生命样态。齐美尔以康德为例,阐释了这两个概

---

① 齐美尔:《生命直观》,刁承俊译,北京:生活·读书·新知三联书店2003年版,第136页。

② 齐美尔:《生命直观》,刁承俊译,北京:生活·读书·新知三联书店2003年版,第137页。

念在道德层面的关系。齐美尔力图说明,"生命作为'应该'的整体,正在消失,而对于这种作为现实的整体而逐渐消失的生命来说,它就是法则;但康德在将生命整体分解为真实的或理智的自我和对于自我来说仅仅是次要的或与之针锋相对的感性时,他却把二元论放进了生命整体自身之中。"[1]在齐美尔看来,生命的"应该"包含了生命波动的各种形式,表征了生命的变化和连续性。如果将"应该"以某种形式固定下来,将其局限于某种原则中,"应该"也就失去了原本的活力,成为标准化的生命体验。因此,"应该"是生命过程的一种状态,本身就是一种与生命有着内在关联的精神生命。

二、普遍法则

齐美尔的个体法则范畴针对的是康德的普遍法则范畴。康德延续了西方的理性主义传统,试图从主体寻求道德法则,并以普遍人性为基础建立了道德法则。齐美尔走的是一条不同于康德的道德法则建构路径,他承继非理性主义传统,将个体生命作为建构道德哲学的基础。齐美尔强调个体生命的重要性,在对康德道德哲学的批判中,倡导个体法则,形成了特殊的个体生命伦理学。齐美尔从对"应该"概念的

---

[1] 齐美尔:《生命直观》,刁承俊译,北京:生活·读书·新知三联书店2003年版,第139页。

阐释入手,回答了传统道德哲学面临的效用丧失,以及道德理想的普遍性与现实分裂的矛盾等一系列问题。

在康德的伦理学中,个性被分解为感性与理性两个部分,二者在生命内部形成对抗。普遍法则是理想的超验原则,而现实生命的个体都有其特殊性,但在康德的理论中,道德的"应该"不是来源现实,而是源于超越生命的超验存在。道德的"应该"与个体自我无关,是借助抽象的理性所推导出来的普遍原则,是至善至美的毫无差别的人性。可以说,康德伦理学的普遍法则有着很强的先验论色彩,他提出的道德原则强调形而上的完美性和抽象性,强调道德原则对所有个体的有效性和普遍性,因而无法与具体的现实个体生命过程形成有效对接。

康德的先验道德理论有着吊诡的二律悖反:无差别的至善至美人性无需道德普遍法则的约束,而对现实经验中的个体来说,先验的普遍法则虽然必要,但却存在不合理性和无效性。根据普遍法则,"道德生命并未分裂成一批单个的'行为',而且就这些行为来说,其中的每一个都可以同一劳永逸的法则相比;更确切地说,整个生命连续性……都受到'应该'概念想象中的线条的伴随。"[1]齐美尔对康德的先验道德

---

[1] 齐美尔:《生命直观》,刁承俊译,北京:生活·读书·新知三联书店2003年版,第143页。

法则持一种批判态度，认为康德的道德立场是一种自上而下的立场，忽视了个体的特殊性。齐美尔指出，普遍法则强调生命个体的行动应当在统一性的生命之流中找到自己的价值和意义，但个体的生命只是整体生命的瞬间，无法与普遍法则的"应该"对接。

齐美尔认为，个体的行动出于敬畏普遍法则的原因，会降低自身的自由和创造性，从而避免因道德选择而产生的责任。人们会理所当然地觉得服从普遍法则的绝对命令，可以不用对道德选择产生的不良后果担负责任，因而丧失合乎道德行为的创造性。因此，不能将任何道德内容的"应该"确定为普遍法则，必须要考虑行为的具体情境、行为者的特殊性。道德法则的"应然"是随着生命现实条件的变化而发生变动，如果忽略个体的特殊情境，要求普遍法则的绝对服从，只会形成道德选择的强迫与屈服。

齐美尔指出，对生命而言，客观的标准化或评判都是生命的外在因素，但它们同时又是生命内部的活力形式。正是因为如此，个体与社会的关系是齐美尔思想的一个重要主题，齐美尔强调个体法则，将道德基点定位于个体的生命本身，认为个体是在自我的行为选择中实现生命的"应该"，最终解决生命与形式的矛盾冲突，解决道德法则和"应该"的生命，将它们重新融入或纳入生命之流的整体进程中。

齐美尔质疑了康德与费希特的"自我"概念，认为他们强化了个体之间的普遍性,却弱化了差异性。"在养成美德的过程中,费希特擅长于分配给那个经验与个体自我的角色,不外是进入并化为纯粹的自我,……就在法则存在的同一范围内,道德法则却已形同虚设。"①"康德认为,尽管人低贱之至,人性却是神圣的。"②在康德和费希特的假设中,"纯粹的或基本的自我是一般事物,而与此相反,经验事物却是个别的,在经验事物的质中存在着同也许是不易混淆的特殊方式的差异。"③齐美尔指出,康德和费希特这个假设值得怀疑,因为他们的道德唯心主义赋予那些个性化以相同的、非常普遍的人性基础。齐美尔强调,康德与费希特唯心主义是根据现实个体的经验性格,从已知中推导出个性化来。然则值得思考的是,"但要是有朝一日它果真如此,那么对于它来说,从个体现实中剔除美德和把美德置于(这既涉及到它的开始期,也涉及到它的终止期)一般事物的范围也就是命中注定的了。"④

---

① 齐美尔:《生命直观》,刁承俊译,北京:生活·读书·新知三联书店 2003 年版,第 149 页。
② 齐美尔:《生命直观》,刁承俊译,北京:生活·读书·新知三联书店 2003 年版,第 149 页。
③ 齐美尔:《生命直观》,刁承俊译,北京:生活·读书·新知三联书店 2003 年版,第 149 页。
④ 齐美尔:《生命直观》,刁承俊译,北京:生活·读书·新知三联书店 2003 年版,第 150 页。

齐美尔援引康德的理论指出,"道德的普遍性——尤其是在这一普遍性被强调为道德的统一形式时——好像也就根植于这种只是心理乐观的、趋向于价值和谐的典型倾向之中。如果采取更为现实的立场,人们就很难使自己做到这一点,很难使我们的罪孽具有比我们内心深处最美好的东西还要普遍得多、典型得多的性格来。"①在齐美尔看来,如果康德向道德行为提出要求,要求此行为随时随地能成为有效法则,那么该行为就必须承认各自的自我生命过程是完全相同的。然而,"个别的生命因素、原动力和决定只要同不断存在的统一体相结合,那它们就只有在同自己的中心和过程的关系中才具有意义,而且只能作为这种个体生命的瞬息。如果要成为某种超越个体的法则的材料,那它们就必须首先脱离这种关系。因为只有在独立自主中面对这种个体,而且在不再从它的血液循环中摄取营养的情况下,才能把它们补充到别的组合当中去,别的和无数个体的标准化形式才会在它们身上表现出来。"②可以说,康德表现出要把个体置入生命的连贯性中的动机,即强调个体在生命过程中所表现的"道德进步"。对康德来说,这种进步是单个行为的连续,而单个行

---

① 齐美尔:《生命直观》,刁承俊译,北京:生活·读书·新知三联书店2003年版,第152页。
② 齐美尔:《生命直观》,刁承俊译,北京:生活·读书·新知三联书店2003年版,第153页。

为又通过所包含的道德分量的增强来强调生命系列的不断上升。

在齐美尔看来,单个行为的生命过程,是以表象的方式呈现的。表象是精神生命的形象体现,"各种表象都在这一形象中升降浮沉,它们不是相互结合,就是彼此分离,不是互相复制,就是互设障碍。不是轮流统治意识领域,就是白白荒废,如此等等——也就是说,好像每一个表象本身都有一种特殊力量似的。"[①]齐美尔认为,表象是对内心现实的表现,是生命整体中的一部分,这种表现内心的方式和普遍法则一样,也强调"应该"的概念性。"只要内心过程还在个体生命连贯性的范围内,同时只是在这种连贯性中,才有可能存在,而且恰好就是整个生命戏剧现在正在演出的一幕,普遍法则就根本不能同这些内心过程联系起来。该法则并不采用自己体验的形式来掌握生命内涵,而是采用一种概念化内容的形式。这种概念化内容作为普遍的内容能够在各种生命过程中重复,而且在其中找到从道德法则中推导出来的相同评价。"[②]齐美尔强调,虽然生命的"应该"强调概念性,但它却是真正的生命进程的一部分。"'应该'之流尽管是在一个截然

---

① 齐美尔:《生命直观》,刁承俊译,北京:生活·读书·新知三联书店2003年版,第154页。
② 齐美尔:《生命直观》,刁承俊译,北京:生活·读书·新知三联书店2003年版,第154—155页。

不同的层面上流动,它却伴随着真正的生命之流。这种生命之流的持续不断并未在极端清晰的概念中找到一席之地,不仅如此,它还拒绝了这些概念合乎逻辑的等级。"①

三、个体法则

通过对普遍法则的质疑,齐美尔提出个体法则概念。"普遍法则只能针对单个的和可以称为单个的、从个体生命连贯性中截取下来的行为。行动通过从属于某一概念(由此决定了它从属于某一普遍法则)而获得的个体化,同那种占有它这个被当作自己主体全部生命的场面或脉搏的个体化相互矛盾,因为只有在这种个体化中——这当然是我的公理——它的全部道德意义才能一览无余。"②齐美尔认为,个体法则是生命之流的现实存在,它把生命的流动通过个体的现实形式外化,并将其融入完全的生命整体之中。个体具有差异性,但不同的个体都同时存在于生命的时间之流中。个体法则源于个体生命的现实性和客观性,面对的是差异性的个体,它是在个体生命的客观变化中实现的客观性。个体法则体现了生命的目的论,它源于生命,从生命中抽离出来,最

---

① 齐美尔:《生命直观》,刁承俊译,北京:生活·读书·新知三联书店2003年版,第156页。
② 齐美尔:《生命直观》,刁承俊译,北京:生活·读书·新知三联书店2003年版,第164页。

后又回归到整体的生命之中。个体法则以客观世界、内心世界和艺术等形式呈现,它与个体生命的自身成长一起,最终走向生命的理想状态。

个体法则是个体在道德选择时的形而上原则,相对于普遍法则而言,前者源自个体生命本身,是个体的道德基点;后者涵盖生命的部分内容,是个体外在行为准则。生命是从一种状况到另一个状况,其间没有跳跃,每个瞬间都有着对下一步的规定,但却永远无法明确下一步是什么。"它并不能使我们了解外部环境的迫切要求,而是了解来自本身内在生命的要求,并且是一个小时一个小时地了解下一步的预兆;下一步仍然模糊不清,只有在跨出了这一步时,它才明朗起来。"[1]"在生命因素的相互关系中,在一个因素如何来自另一因素这一方式里,在既有过去的因素于现实因素中回响,又有下一个因素提前预响的声音里,我们感到自己的生命就是正在发展着的生命。至于它是否会向某一方向发展的问题,根本就不可能提出来,因为它最多也只不过是反射的附加物而已。"[2]因此,作为"应该"的生命就是个体法则,它是个体下一步行动的道德选择原则。如果没有法则,行动就会在不断

---

[1] 齐美尔:《生命直观》,刁承俊译,北京:生活·读书·新知三联书店2003年版,第143页。

[2] 齐美尔:《生命直观》,刁承俊译,北京:生活·读书·新知三联书店2003年版,第144页。

发生的事件中变得模糊起来。个体法则有着和生命一样的多变性样态,或者可以说,个体的道德实现形式有着多变性,它所具有的潜在可能是普遍性的道德法则无法穷尽的。生命有多少形态或流向,道德上的"应该"或者是个体法则的可能性就有多少变化。

在齐美尔看来,生命"现实"的个体法则与作为生命"应该"的普遍法则是对立的。"如果说我们应当以某种方式存在,应当采用某种方式感觉等等,简而言之,应当成为某种不能按合目的性的愿望所要求的东西,这对于道德主义来说,简直是不可思议的。"[1]生命的"应该"是生命之流伦理学意义上的理想模式,同样也是生命系列的组成部分,"如果我们把'应该'理解为生命的理想系列,那么在这一生命的每种存在和事件之上有某种理想、某种应当怎样存在于生命内部的方式就是自然而然的了。"[2]在这里,齐美尔强调了生命"应该"的普遍法则与生命"现实"的个体法则之间的对立性。"只有在实践和反省中理所当然不可避免地摆脱单个部分,人们才能把现实系列单个部分同理想系列的单个部分作一对比,才

---

[1] 齐美尔:《生命直观》,刁承俊译,北京:生活·读书·新知三联书店2003年版,第164—165页。
[2] 齐美尔:《生命直观》,刁承俊译,北京:生活·读书·新知三联书店2003年版,第165页。

能够说前者应当像后者那样。"①

在这个意义上,不能因为生命的"应该"而抹杀生命的现实性和个体性。现实生命的要素"在孤立的情况下,有着与那种整体生命内部不同的法则和发展……那我们又有什么权力把自己本质的无数别的要素都拒之门外,为了自己或由于自己去形成一种'应该'理想呢?"②虽然如此,但齐美尔同样强调了个体法则与生命"应该"的同源性。"只有从同一根源发展起来的,为其——也许是迥然不同的——现实所超出的个体的法则,才能把握每一个采用分析或综合办法所取得的生命部分,因为它不是别的任何东西,而是作为'应该'概念出现的这一生命开启着的整体或中心本身。"③

在齐美尔看来,个体的普遍性并不能作为概念约束个体的行为,应当说是个体行为的根源置于这一行为之下。个体的每个部分都表征着个体的整体生命,在生命层面上,各个部分不能自成一体,但各个部分的统一却构成了生命的绝对统一。如果不把个体理解成一个整体,我们也就无法理解个

---

① 齐美尔:《生命直观》,刁承俊译,北京:生活·读书·新知三联书店2003年版,第165页。
② 齐美尔:《生命直观》,刁承俊译,北京:生活·读书·新知三联书店2003年版,第165—166页。
③ 齐美尔:《生命直观》,刁承俊译,北京:生活·读书·新知三联书店2003年版,第166页。

体的各个部分。人们不会去把握个体身上的单个要素,但个体单个要素的整合所形成的却是一个新的形体,而并非各个要素的单纯并立或联合。但事实上,现在这种顺序却颠倒过来了:统一体并不来自各个部分,而各个部分却来自统一体。在具体的生命进程中,生命在活力上是统一的,但内容却是千差万别的。生命的本质寓于每一个千差万别的生命过程中,在生命进程中,充实或空虚生命形式不断交替,生命时而建构形式,时而打破形式。生命过程中的众多差异和每一个瞬间,都是整体性生命之流的一个截面,这些截面或宽广或狭隘,但都渗透在生命的整体中。

在讨论伦勃朗作品的人物形象时,齐美尔强化了生命的这种个体与整体关系。齐美尔指出,伦勃朗所描绘的形象瞬间似乎包含并指向了全部的生命冲动,并讲述了全部的生命历程故事。"它不是固化在时间里的心理—物理运动的一部分,这个运动的整体——这个内在展开的事件——超越了艺术塑造的自我存在。更确切地说,它清楚地表明为什么运动中的一个再现瞬间实际上是整个运动,或者说是运动本身,而不是某种僵化的东西或者其他事物。"[1]在人物形象身上,生命的本质体现为总体性的每一个瞬间,因为总体性不是孤

---

[1] G. Simmel, *Rembrand: An Essay in the Philosophy of Art*. New York and London: Routledge, 2005, 6 - 7.

立瞬间的机械总和,而是一个连续不断的形式变化。"这是伦勃朗所描述的运动的本质,它让我们感觉运动中瞬间的整个序列在一个单一的运动中——征服了单一连续瞬间的分离。"[1]在齐美尔眼中,伦勃朗作品中形象描绘的出发点或基础不是形成从外部观察某个瞬间的画面。也就是说,在这个瞬间,这个运动已经达到可描绘的顶点:时间过程中的一个独立横断面。更确切地说,它从一开始就包含了汇聚为一个整体的全部行动的动力。"从某种观点来看再现,每一个孤立的部分都是这种内在的,以及富有表现力的命运的总和。他能够把运动图形的每一个小的部分作为其整体来表现,这既是直接,同时象征性地表达了这样一个事实,即每一个连续联结在一起的瞬间都是整个生命,因为它在这个独特图形的形式中变得个性化了。"[2]

齐美尔强调了个体法则对于个体行为的独特性。个体法则以个体生命为根源,它无涉任何的目的论,也没有任何既定的目标。"'单个'行为是一种从绝对连续性中所作的仅仅是相对合理的、事后主观的切除;行为的独特性仅仅为了实践,为了其他行为,为了外界事物才存在,但并不为它从伦

---

[1] G. Simmel, *Rembrand：An Essay in the Philosophy of Art*. New York and London：Routledge, 2005, 7.

[2] G. Simmel, *Rembrand：An Essay in the Philosophy of Art*. New York and London：Routledge, 2005, 8.

理学偏偏要追溯到的、最深刻的生命与本质原因中涌现出来而存在。"①正是因为这个原因,我们才无法对其进行真正的纯粹伦理评判。

齐美尔认为,道德评估的对象只是个体生命的一个片断,而并非针对生命的全部。整体性的生命自我本性是无法确定的。"生命是一种不停的滑动。在这一滑动中,每时每刻都在表现不断塑造着和改造着的整体,任何部分同别的部分之间都没有明显的界线,每一部分都仅仅在那一整体内部,而且在它看来显示的还是它的意义。"②因此,对个体生命的伦理评估,如善与恶、勇敢与懦弱等,只是针对个体生命片断显现的归纳。通常认为,这些通过片断而形成的道德评估,直接决定个体人性的道德或不道德,仿佛这些都是人性与生俱来的,即所谓的性格决定命运。齐美尔认为,这样的伦理评估否定了生命的自由意志,是普遍法则强加到个体身上的后果。其实个体完全可以在现实中根据自我的意图行动,只是必须勇于承担行为所引发的后果。齐美尔认为,个体在行动过程中会通过内心去察觉自我的异常,但不能根据这些异常就否定自我的人性,认为这些异常源于自身责任的

---

① 齐美尔:《生命直观》,刁承俊译,北京:生活·读书·新知三联书店2003年版,第168页。

② 齐美尔:《生命直观》,刁承俊译,北京:生活·读书·新知三联书店2003年版,第169页。

缺失。因为这些异常行为并不是游离于生命之外的附属品，它们就是生命的一部分，是融合在生命中的与生俱来的形态。

齐美尔指出，生命的不同内容构成了生命的变化多端。生命的历程有着连续性变化，但其真实性并不是基于生命不同内容概括的道德评定，也不能通过个体的某些表现方式来进行评判。在这个意义上，根据个体的行为方式是否符合道德进行评判因而不具有合理性，而应当根据生命的内在核心和整体连续性进行评判。符合道德法则的生命是在个体的生命实践中被确证出来的，它是生命"应该"的期待愿景。但事实上这样的愿景几乎不可能实现，因为生命连续性中的个体活动是变化的，个体是现实的生命体，虽然它是整体生命的一部分。

个体法则来自个体生命的全部现实，它同样具有客观性，但适用于个体生命，对象是包含差异性的个体。个体虽然具有差异性，个体之间有着本质的差别，但个体独一无二的质的背后也包含着精神生命共同的东西。齐美尔认为，当个体的生命活动发生变化，这时普遍的道德法则就不再具有适应性。因为个体活动是与现实生命共存的统一体，个体具体活动的伦理准则来自道德普遍法则与个体的自我责任。现实生命体现在个体生命身上，那么道德规范就应该是个体的规范而不是普遍法则。基于此，伦理学的普遍道德法则就合理地转向了个体法则,个体的行为活动跳出了生命的"应该"范围,而且根据现实原则对自我行为做出适当的评估。

当然,在齐美尔看来,个体法则与普遍法则在很多时候也是结合在一起的,普遍法则对个体有着规范性的号令作用,而个体法则在个体瞬间的行为选择时作为依据拥有其合理性。普遍法则通过概念针对单个行为进行评判,基于超脱生命的法则对个体的行为进行评价。普遍法则的效用是一种客观有用性,这种客观性与外部事物无关,是伦理道德行为的构成元素,如目的、张力、情感和可预见的结果等。普遍法则在个体的行为中形成理性,对个体的活动行为产生影响。普遍法则的评判只针对行为本身,顾及不到行为的生命承担者,一旦生命包含着错综复杂交织影响的各种因素流动起来,普遍法则评判的客观性将失效。在具体的生命过程中,普遍法则只是衍生物,实际上不存在。生命虽然是现实的,但却是连续性生命的一部分,普遍法则无法完全适用于生命的变化无常和丰富多彩,普遍法则与个体法则因而在具体的活动中会相互转换。这个时候,普遍法则就合理地转向了个体法则。

四、个体生命与整体生命

齐美尔区分了两种生命行为,认为"我们把其中每一个都视为受到局限、可以按照其内容表示的单个统一体的生命行为,同整个生命之流正处于对立地位。在这里,生命之流那包罗万象的统一体并不想赋予特殊统一体,即有特殊界线的统一体以发展的可能和权利。对单个行为的强调以抽象的、虽然并非超活力的、却是超个体的内容为标准,这个行动一个接一个地组成生命系列。"①齐美尔认为,个别生命并不排除生命的整体性,它内蕴着生命的整体性。生命的单个行为,获得的是整体生命的变幻形式。在这里,齐美尔从个体生命与整体生命关系维度对生命的"应该"与"现实"展开了进一步的讨论。

在本章中,齐美尔讨论了体验过的意识内容与分离的思想所包含的意识内容的关系。齐美尔指出,假如人们把"应该"理解为其内容或多或少以命令式形式所面对的生命过程,那就可以按照其生命精神把伦理学的价值和问题放到作为普遍形式的理论关系中去。齐美尔强调,我们应当把每一个清醒时期的精神生命视为一个不断进行的过程,"这一过程的意识就是一个与别的任何事实都不能相提并论的事实,因为精神生命这时尚未分散进入意识到主体和已经了解的某种客观内容。"②我们一旦把这种意识理解为具体的意识,

---

① 齐美尔:《生命直观》,刁承俊译,北京:生活·读书·新知三联书店2003年版,第172页。
② 齐美尔:《生命直观》,刁承俊译,北京:生活·读书·新知三联书店2003年版,第156页。

这种意识就会以某种形象出现。但这样我们也并不能把握此形象的本质,因此,"通晓不间断的生命也许是我们所拥有的、惟一绝对意义上的直观知识。然而正是从这种意义上来说,我们事实上并不单独具有这一知识;而在我们具有这一知识之时,它往往已经抽象化,客体化了。"①

在齐美尔看来,生命的连续性体现在某些内容中,但当我们表现这些内容并在它们身上感到生命之时,生命的连续性就断裂了,因此只能以一种科学的、理智的方式,把具有内容的单个事件组合成生命的连续性过程。齐美尔通过对生命三段论的分析,再一次强调了生命的永恒流动性。"在这里,过去所断言过的事物——顺便说明一下——又重新得到证实:生命绝对不会迷恋于具体的存在现实的惟一形式。假如'应该'意味着意识到的生命,即作为精神事件的生命也以某一单纯要求的不现实而告终,那么人们就能够在脱离拥有非真实性生命的情况下把这个要求想象中的内容称为理念。"②在齐美尔看来,理念本身也必定是一种重复生命的形式。理念是永恒的,独立于生气勃勃的现实,但理念又是现实的原型,展示着生命的整个动荡和运动。

---

① 齐美尔:《生命直观》,刁承俊译,北京:生活·读书·新知三联书店2003年版,第156—157页。

② 齐美尔:《生命直观》,刁承俊译,北京:生活·读书·新知三联书店2003年版,第163页。

生命流动中个体的独自行为只是改变个体生命的一种形式,但生命是由无数个体行为有机结合在一起的。个体生命和整体生命并不是矛盾、生疏和排斥的,而是有着内在的统一性。"每一生命瞬间、每一举止行为都等于全部生命;这种生命并不是个别行为在想象中与世隔绝的情况下所面临着的整体本身,而是生命特有的、使用任何机械论的比喻也无法阐明的形式。"[1]齐美尔指出,整体包含着个体行为,同样个体行为中也包含着整体。可以说,齐美尔在普遍概念和超验自我的生命之外,设定了一种更为现实的个体生命。虽然个体生命变化无常,生命瞬间的内容形形色色且相互对立,但这些个体生命的每一瞬间都恰好体现了全部生命。

齐美尔认为,在个体生命的过程中,实际上就已包含了它的过去和未来的所有活力。个体的生命的每个瞬间也就意味着生命整体性的绽放。"因为在它之外现在不存在任何生命(如果有,那会在哪儿呢?),因为生命绝无别的形态,而只有连续不断的、各自上升为——难以预料的、变化不定的——浪峰的形态可供使用。"[2]在齐美尔眼中,个别瞬间虽然体现了整体生命,但也不能简单把全部生命理解为生命内

---

[1] 齐美尔:《生命直观》,刁承俊译,北京:生活·读书·新知三联书店2003年版,第173页。

[2] 齐美尔:《生命直观》,刁承俊译,北京:生活·读书·新知三联书店2003年版,第173页。

容体验的总和。"生命作为过程——作为那种承担和生产所有内容的过程,作为这些内容以某种无法进一步解释的方式象征性表现的过程——绝不是一个总和,它在自己的每时每刻都是确确实实的。"①可以说,通过对个体和整体关系的梳理,齐美尔再一次强调道德的普遍法则是个体法则的原因:生命是一个连续性的进程,它不仅是个体生命的总和,生命生成和包含着每一个个体生命,而个体生命也是整体生命的体现。

在齐美尔看来,这种区别其实也是生命本质的直接体现。个体的存在过程也或多或少会显示出生命来,这种寓于不同个体身上的生命,就是一种地道而又完整的生命。"一种更为充实的生命和一种更加空虚的生命正在相互交替着,只有从一个概念和一种渴望出发,空虚的生命才会将想象中的双臂伸向它想要借以充实自己的、想象中的多数;就生气勃勃、形而上学的本义而言,只有一种生命,在这种生命中,纯真性和完整性时而充实,时而匮乏。"②齐美尔认为,生命的每一个个体性碎片实际上表征着生命的整体化。"在我们称之为现在的这一生命之流的横截面中,生命包含在一个虽然

---

① 齐美尔:《生命直观》,刁承俊译,北京:生活·读书·新知三联书店2003年版,第174页。
② 齐美尔:《生命直观》,刁承俊译,北京:生活·读书·新知三联书店2003年版,第174页。

有差异的安排中,但每一个截面不管其内容是极其狭隘还是非常广泛,都意味着生命整体的一个完整的阶段。"①在生命的具体过程中,生命并非单纯的部分,而是整个的生命统一体,"生命依其本性才在持续不断的升与降、强与弱、亮与暗之中上下浮沉,而不会因此在任何时刻放弃这一生命的整体性。"②在这个意义上,生命的所谓异体存在,也不会是生命的外在偶然物,而是生命的样态本身,是生命的一种样态形式。

这里实际上涉及齐美尔生命哲学的阐释路径:碎片到整体。这种分析路径体现了齐美尔生命哲学研究的独特视域:微观视域。在这一视域下,个体的生命过程显示出更具一般的生命整体特征。齐美尔认为,碎片并非仅仅存在于社会互动层面,同样存在于人类的自我生存方面。"人们只有把每一个特别观察到的瞬间都说成是全部生命,才能表示自己的连续性——因为这样的生命是该整体的形式,是它在人们从外在的时间角度来看不得不称之为众多的东西中形成的统一体。"③这种方法用在艺术分析上,就是一种碎片化的审美观察和解释,它能够从独特的事物中发现典型,从偶然性的

---

① 齐美尔:《生命直观》,刁承俊译,北京:生活·读书·新知三联书店2003年版,第176页。

② 齐美尔:《生命直观》,刁承俊译,北京:生活·读书·新知三联书店2003年版,第179页。

③ 齐美尔:《生命直观》,刁承俊译,北京:生活·读书·新知三联书店2003年版,第181页。

事物中发现法则,从表面化和过渡性现象中发现事物的本质和意义。齐美尔写道:"艺术本质上的意义在于它能够从一个现实的偶在碎片(它依赖于同现实的千丝万缕的联系)出发构筑出一个独立自主的统一体,一个无须其他的自足的微观世界。"[1]"艺术品的每一部分都是该部分在此处所呈现的东西,它只有在每一个别的部分成为该部分所表现的东西时才能存在;每一部分的意义在一定程度上都包含着整个的艺术品。"[2]也就是说,每一处碎片都隐含着成为美的可能性,而生活的整体美和整体内蕴通过审美的方式从任何一个点上都能够得到展现。通过这样的一种审美转换,社会生活的碎片就不再仅仅只是单纯的碎片,而是有着审美内蕴的日常生活解剖面。飞逝的碎片表征着生活的本质,从生命表面的任何一点,都可以深入到生命的本质深处,而生命中一切看起来似乎最为平庸的外表,最后都会通往生命意义的内在终极本质,即生命的总体性。碎片本身也具有一种审美内涵,现实生活中的任何一个方面都潜藏着释放绝对美学价值的可能。

从碎片到整体的分析路径也是齐美尔试图超越碎片,实

---

[1] 齐美尔:《货币哲学》,陈戎女等译,北京:华夏出版社2002年版,第404页。
[2] 齐美尔:《生命直观》,刁承俊译,北京:生活·读书·新知三联书店2003年版,第180页。

现总体与碎片最终达到整合的一种方法。在齐美尔看来,个体在现代性的体验中对超越一切动荡和碎片化存在的安全地带的追寻,"表现了一种审美的特征。他们似乎想从事物的艺术观里,获得对现实生活的碎片和痛苦的超越性的解脱。"[1]齐美尔对碎片的美学化之所以如此津津乐道,一个重要原因就是强调整体与部分之间的对应。在齐美尔看来,一方面,审美维度能够给予开启具体碎片通往其背后社会整体性的道路;而另一方面,这一维度也是修复部分与整体,进而实现客体与主体之间有机统一的重要手段。现实碎片的美学维度一方面是对碎片化现实的观照方式,另一方面也是对碎片化现实进行整合的一种有效途径。

从碎片到整体的现代性路径中的审美维度也是齐美尔生命研究的一个独特之处。齐美尔道出现代性的碎片化特征,他准确地把握到现代性的这一脉搏,从碎片角度对现代性本质给出了精辟的解释。此外,碎片化研究方法的一个特点在于摄入大量的日常生活现象以及局部的细节和微小之处,而这些与宏大历史所重视的所谓重要事件是迥然相异的。从这一角度来说,齐美尔关注生命个体的碎片化存在,关注生活的细微之处,实际上开启了日常生活史研究或历史

---

[1] G. Simmel, Tendencies in German Life and Thought since 1870. D. Frisby, *Georg Simmel: Critical Assessments*, Vol. I. London: Rouotledge, 1994, 23.

小叙事研究的先河。

五、作为个体生命形式的"应该"

在齐美尔的分析中,生命是流动不息的连续性过程,每一个瞬间的生命内容和形式,都是生命在那个瞬间的整体表达,而非生命的碎片或片断性表达。连续性的生命流动可以表现为多变的、甚至相互矛盾的内容,但这些内容都是生命的整体性的组成部分,与生命的统一性或整体性特性并不矛盾。个体生命的具体形态千变万化,展现了个体生命的创造力,彰显着生命"应该"的光芒。在个体生命绵延不息的流动过程中,所有的事件和行动,其实都是整体生命的一个横截面,个体生命的瞬间行为不仅表达了生命整体的当下性,也会决定和改变整个生命的进程和方向。生命的每一个瞬间和每一行为都表达着个体生命存在的整体性,包纳了所有过去的结果和未来的活力。

在这个意义上,生命的"应该"相对于生命的"现实"而言,它就是法则。所以,生命是"现实"的,同时也是"应该"的。个体法则是生命过程中的行为,它源自生命的过程而非生命的内容。因此,对个体法则的理解必须考虑个体行为的伦理意义,要将个体的具体生命进程融入生命的整体流变中加以考察和融解,而不能将整体性的生命割裂为不同内容和形式的生命。齐美尔强调,"应该"并非凌驾于生命之上或与生命相对立,"应该"是生命借以意识和表达自我的一种方式,是个体生命自身的一种形式。"我们反对所有使'应该'摆脱质料或其内容形式上的状况的努力。当然,每种'应该'都寓于这种状况之中,而这些状况又是理当如此的东西。"①也就是说,生命的"应该"虽然发生于与现实生命完全不同的层面上,但它却伴随现实的生命,属于整体生命的一部分,和现实生命一样源于生命整体性的创造和要求。任何一种单独的"应该",都代表一种完整的性格,或者说一个总体生命。"'应该'就是现实形式相互平等的各个个体生命的一种形式,而且它还在接受一切可能的外部联系。"②

在传统的伦理学中,道德要求的源泉要么来自个体良知中的主观意识,要么来自外在客观抽象结构中的有效超个性章程。齐美尔的"应该"范畴与传统的理论不一样,是一种"第三者"理论,"这就是该个体客观上的'应该',就是出于该个体的生存向它的生命提出来的要求。不管生命本身是否正确认识到这一要求,该要求在原则上总是独立的。"③在齐美尔看来,这里的"应该"强调个体不必是主观的,而客观事

---

① 齐美尔:《生命直观》,刁承俊译,北京:生活·读书·新知三联书店2003年版,第184页。
② 齐美尔:《生命直观》,刁承俊译,北京:生活·读书·新知三联书店2003年版,第185页。
③ 齐美尔:《生命直观》,刁承俊译,北京:生活·读书·新知三联书店2003年版,第187页。

物也不必是超个性的。也就是说,"应该"来自个别事物的客观性,"假如有朝一日某种个体化的生命成为一个具有完整意义的客观事实,那时就连它理想的'应该'也会成为客观上通用的'应该'。"[①]这样一来,关于某一个体"应该"的正确或错误表象,就不仅适用于这个主体,同时也适用其他主体。

生命的"应该"和"现实"虽然相互独立,但却同样具有深度,有着各自的内在一致性。生命的"应该"是"我们自己(在观念性这一范畴内)的生命,而且同在现实性这一范畴内的情况一样,在每一个现实的'应该'概念中共同造就和制约了迄今为止所存在过的生命的每一个因素"[②]。至此,生命的连续性形象就在这两种不同的形式中获得了统一。齐美尔强调,"现实"生命和"应该"生命都是绝对纯粹、普遍性的整体生命。"我并不把生命分解成作为某种空虚过程的自我和单个的、充满内容的行为,而是把在千变万化的内容中表现出来,或者说得更准确些,是存在于内容的体验和实施中的东西,直接视为生命统一的形式。因此,整个生命要对每一个行动负责,而每一个行动也要对整个生命负责。各种内容作为所体验过的内容是连续不断的,因为每一种内容都只是当

---

① 齐美尔:《生命直观》,刁承俊译,北京:生活·读书·新知三联书店2003年版,第188页。

② 齐美尔:《生命直观》,刁承俊译,北京:生活·读书·新知三联书店2003年版,第201页。

时生命达到的高度。"①齐美尔反对康德"人只对自己的行动负责"的义务伦理学观点,在他看来,"对于我们整个历史所负有的责任,就已经寓于每一个别行动的理应如此中了。"②

齐美尔强调,"在'个体法则'使'应该'的方向完整颠倒过来,使'应该'不是由生命内容,而是反过来由生命过程引起的基础上,个体法则使标准要求仿佛遵循两种尺度不断拓宽,超越了康德以及整个道德哲学分配给它的范围。"③"所有这些在生命连续性中没有规定界限任意滑动的东西,它们都避开了对现有法则的任何一种从属关系,都摆脱了在概念上向普遍法则的理想化——所有这一切如今都发现自己头上有一个'应该',因为这一'应该'本身就是一种生命,更何况它还保持着生命连续不断的形式。正因为该要求在生命面前并非一成不变的一劳永逸,所以所有我们曾经做过和应当做过的一切,都是我们伦理学理想生命达到每个理应如此者的波峰的条件。"④正是在这个意义上,齐美尔认为,个性与法

---

① 齐美尔:《生命直观》,刁承俊译,北京:生活·读书·新知三联书店2003年版,第202页。

② 齐美尔:《生命直观》,刁承俊译,北京:生活·读书·新知三联书店2003年版,第202页。

③ 齐美尔:《生命直观》,刁承俊译,北京:生活·读书·新知三联书店2003年版,第203页。

④ 齐美尔:《生命直观》,刁承俊译,北京:生活·读书·新知三联书店2003年版,第204页。

则之间的结合就可以进行了。个体法则作为"应该"的生命,并非强调个体的主观任意性,个体同样为现实生命赋予了必然性。个体只有置身于外部现实世界的复杂关系中,才能通过艺术、宗教、科学等形式表征实现个体生命的表达,实现个体法则,即"应该"的生命。齐美尔将康德的普遍法则视为个体法则的对立面,认为普遍法则忽视了现实生命流动中的直接经验,而个体法则强调一种不同于传统的新的个性观念。

齐美尔通过对伦勃朗绘画的分析提供了进一步的解释。齐美尔认为,伦勃朗作品是对古典时期和文艺复兴时期绘画风格的反对。古典时期和文艺复兴时期绘画追求人物的永恒本质,即康德意义上的普遍法则。这些人物有着柏拉图理念内涵的理想形态,展现人物的共性或普遍性,即使在描述人物的具体特征方面,也极少表现作为现实生命的形象的流动性。在齐美尔看来,这些绘画的原则所获得的生命统一性,无非是无数个别特征的机械总和,缺失了生命的整体有机性和灵动性,也谈不上真正的个性表达。齐美尔认为,古典时期和文艺复兴时期的绘画风格,与康德从生命内容中抽象出普遍法则的做法如出一辙,也许他们的目的是想表达个性,但最终他们获得的只是普遍的人性。

作为生命的个体法则,齐美尔强调了个体所具有的独特性,即存在于生命整体中但又可与他者分享的个体独特因素。在齐美尔看来,伦勃朗的绘画表达了个体的这种独特性,在伦勃朗笔下的人物身上,我们可以看到人物的整体性生命进程。伦勃朗通过个体生命的瞬间表达,传达了个体的整体生命,而整体生命又表征着生命的永恒运动。齐美尔认为,伦勃朗的人物画刻画了个体的真正个性,同时表征的又是个体的生命统一体,表征的是连续流动的生命,甚至人物画中的每一个笔触都传达出整个生命的律动。"生命的每一个瞬间都是整体性生命——或者,更准确地说,生命是一个整体——艺术表达通过纯粹和明晰的方式显示出来。如果伦勃朗的每幅面孔都决定了它在整个历史中的实际形态,那么就无法从里面读出它的个体性内容。"[1]

齐美尔认为,个体虽然具有质的独特性,但同时又具有生命总体的统一性。个性是以整体性生命为基础的,生命个体之间有差异性,但这种差异性并不是生命的裂变,而是生命统一体中的独特性。在伦勃朗笔下,"似乎这个人的生命是绝对属于他们自己的,是与他们不可分离的,但却超越了人们所说的关于他们的所有个体性存在本身;就像一股生活之流在奔流,虽然没有冲刷过它的海岸;就像它是一个内部准确完整的统一整体,但却没有激起任何独特性的形式浪花。当然,这一系列中的每一幅画都是从个性的视点出发

---

[1] G. Simmel, *Rembrand: An Essay in the Philosophy of Art*. New York and London: Routledge, 2005, 52.

的，但它似乎会在不丧失个性的情况下继续前进，并进入人物的普通生命阶层，呈现个体的另一种心境。"[1]在生命存在的个体中，生成过程引导并决定着生命的现实性，通过生命内在的动力和逻辑，现实性已经成为存在于伦勃朗绘画中的东西。

个体法则以生命自身的进程为对象，它基于个体生命提出生命的理想，并以社会、精神和艺术等形式出现。在齐美尔看来，有机生命是整体决定部分，部分寓于整体的最佳表达，因而与个体法则在现实生命形成的"应该"不会产生冲突。在个体法则的原则下，个体生命的每一个瞬间都是整体，这体现了生命的多样性，也体现了生命道德原则作为"应该"的统一性。个体差异性作为个体法则，它只对特定的、整体的存在有效，是与整体生命不可分割的形式。可以说，个体法则一方面承认个体之间的差异性，但同时也强调了彼此的共同性。个体法则是在"应该"的生命范畴下对个体性的伦理考察，是"应该"的生命相对现实生命所具有的伦理意义。"应该"的生命是内在于个体生命的必然性，同时也是对现实的个体生命有效的普遍性。至此，齐美尔从以生命哲学为基础的个体法则，实现了对康德为代表的量的个体主义和

---

[1] G. Simmel, *Rembrand: An Essay in the Philosophy of Art*. New York and London: Routledge, 2005, 91.

以歌德为代表的质的个体主义的整合和提升。

康德伦理学遵循的是普遍法则,采取的是自上而下的应用方式,而齐美尔的生命伦理学遵循的是个体法则,采取的是自下而上的应用方式,是与康德完全相反的路线。个体法则表征齐美尔生命伦理学的核心精神。在康德的伦理学里,道德立法源于生命内部的理性声音,预设了理性对感性的权威和统治。在齐美尔的生命哲学中,个体法则摆脱了道德立法的他治原则,转移到了个体生命的内部。在个体法则的引导下,个体行为不再遵循逻辑层面的引导,而是遵循心灵的引导。我们不能根据结果的客观意义来推导主体的行为过程,因为事实上结果与最初的生命动机不一定符合。个体是生命进程中融入了多种精神因素的整体存在,个体化展示了自我及其生命场景的融合,进而呈现出全部的道德意义。

齐美尔简略年谱

1858年　3月1日出生于柏林犹太裔家庭。父亲艾德阿尔特，母亲弗罗拉。齐美尔为七个孩子当中最小的一个，随母亲接受了新教洗礼。

1870年　进入弗里德里希—贝尔德高中学习。

1874年　父亲艾德阿尔特去世。家庭好友音乐出版商弗里特兰特成为其监护人。

1876年　大学预科毕业，取得大学入学资格，进入柏林大学学习，在著名史学家莫姆森门下研读历史；随后师从民族心理学家拉扎鲁斯从事心理学研究；其后转而研读哲学，师从泽勒和哈姆斯。

1880年　提交《有关音乐起源的心理学和人种志研究》学位论文，但遭到否定，没有通过。

1881年　提交《论康德物理学单子论中物质的本质》学位论文，获得哲学博士学位。

1885年　取得教师资格，成为柏林大学的编外讲师。

1889年　监护人弗里特兰特去世，继承了一大笔遗产。

1890年　第一部著作《论社会分化》出版,副标题为"社会学与心理学的探索"。5月同格尔特路特·基内尔订婚,并于同年7月1日完婚。

1892年　出版《历史哲学的问题》。

1893年　出版《伦理学导论》。

1900年　出版《货币哲学》。

1901年　被学术当局聘为副教授。

1901年　夏天观看罗丹展,撰写《罗丹的雕刻与现代的精神方向》随笔。

1903年　在意大利休假,完成了对康德的研究。

1904年　出版《康德》。

1905年　出版《时尚的哲学》。

1906年　出版《康德与歌德》和《论宗教》。

1907年　出版《叔本华和尼采》。

1908年　出版《社会学》。此书是齐美尔转向哲学和美学研究的分水岭。

1910年　出版《哲学的主要问题》。

1911年　出版哲学论集《哲学文化》。获得弗莱堡大学的政治学"名誉博士"称号。

1913年　出版《歌德》。

1914年　获得德法交界处斯特拉斯堡大学的哲学教授席位。

1916年　出版《历史性时间的问题》和《伦勃朗》。

1917年　出版《社会学的根本问题》和《战争与精神抉择》。

1918年　出版《现代文化的冲突》和《生命直观:先验论四章》。

1918年　9月26日因肝癌去世,终年60岁。

参考文献

[1] A. Salomon, Georg Simmel Reconsidered, *International Journal of Politics, Culture, and Society*. Vol. 8, No. 3, Spring, 1995.

[2] A.Vidler, Agoraphobia: Spatial Estrangement in Georg Simmel and Siegfried Kracauer. *New German Critique, Special Issue on Siegfried Kracauer*. No. 54, Autumn, 1991.

[3] B. Highmore, *Everyday Life and Cultural Theory: An Introduction*. London: Rouotledge, 2002.

[4] C. Campbell, *The Romantic Ethic and the Spirit of Modern Consumerism*. Oxford and New York: Basil Blackwell, 1987.

[5] C. D. Axelrod, Toward an Appriciation of Simmel's Fragmentary Style. *The Sociology Quarterly*. 18. 2, 1977.

[6] D. Frisby, *Georg Simmel: Critical Assessments*, Vol.

Ⅰ. London: Rouotledge, 1994.

[7] D.Frisby, *Georg Simmel: Critical Assessments*, Vol. Ⅱ. London: Rouotledge, 1994.

[8] D.Frisby, *Georg Simmel: Critical Assessments*, Vol. Ⅲ. London: Rouotledge, 1994.

[9] D.Frisby, *Simmel and Since: Essays on Georg Simmel's Social Theory*. London: Routledge, 1992.

[10] D.Frisby, *Sociologyical Impressionism: A Reassessment of Georg Simmel's Social Theory*. London: Heinimann Educational Books Ltd, 1981.

[11] D. N. Levine, *Georg Simmel: On Individuality and Social Forms*. Chicago: The University of Chicago Press, 1971.

[12] D. Weinstein and M.Weinstein, Georg Simmel: Sociological Flâneur Bricoleur, *Theory, Culture & Society*. 8.3, 1991.

[13] E. Fuente, The Art of Social Forms and the Social Forms of Art: The Sociology-Aesthetics Nexus in Georg Simmel's Thought, *Sociological Theory*. 26: 4, 2008.

[14] E. M. Rogers, Georg Simmel's Concept of the Stranger and Intercultural Communication Research,

Communication Theory. 9:1, February, 1999.

[15] E. Wilsom. *Adorned in Dreams: Fashion and Modernity.* London: Virago, 1985.

[16] F. Davis, *Fashion, Culture and Identity.* Chicago: The University of Chicago Press, 1992.

[17] G. Simmel, *Rembrand: An Essay in the Philosophy of Art.* New York and London: Routledge, 2005.

[18] H. J. Helle, *Messages from Georg Simmel.* BRILL: Leiden; Boston, 2012.

[19] H. Wardle, Jamaican Adventures: Simmel, Subjectivity and Extraterritoriality in the Caribbean. *Journal of the Roral Anthropological Institute*, 5.4, 1999.

[20] I. Borde, Space beyond: Spatiality and the City in the Writings of Georg Simmel, *The Journal of Architecture.* Vol.2, 1997.

[21] J. Arditi, Simmel's Theory of Alienation and the Decline of the Nonrational, *Sociological Theory.* 14. 2, July 1996.

[22] J. Habermas, Georg Simmel on Philosophy and Culture: Postscript to a Collection of Essays, *Critical Inquiry.* 22.3, Spring 1996.

[23] K. Mannheim, *Essays on Sociology and Social Psy-*

chology. London: Routledge, 1998.

[24] K. P. Etzkorn, *Georg Simmel, The Conflict in Modern Culture and Other Essays*. New York: Teachers College Press, 1968.

[25] L. A. Scaff, review of "Walter Benjamin und Georg Simmel", *Contemporary Sociology: A Journal of Reviews*. 2012.

[26] L. A. Scaff, Weber, Simmel, and the Sociology of Culture, *Sociological Review*. 36.1, 1988.

[27] L. Coser, The Many Faces of Georg Simmel, *Contemporary Sociology*. 22. 3, May 1993.

[28] M. S. Davis, Georg Simmel and the Aesthetics of Social Reality, *Social Force*. 1973.

[29] M. Maffesoli, The Ethics of Aesthetics. *Theory, Culture and Society*. 81, 1991.

[30] N. R. Orringer, Simmel's *Goethe* in the Thought of Ortegay Gasset, *MLN*. 92. 2. Hispanic Issue, Mar 1977.

[31] O. Rammstedt, On Simmel's Aesthetics: Argumentation in Journal Jugend, 1897 – 1906, *Theory, Culture & Society*. 8. 3, 1991.

[32] R. Cooper, Georg Simmel and the Transmission of

Distance, *Journal of Classical Sociology*. 2010.

[33] R. M. Leck, *Georg Simmel and Avant-Garde Sociology: The Birth of Modernity*, 1880-1920. New York: Humanity Books, 2000.

[34] T. W. Adorno, On the Fetish—Character in Music and the Regression of Listening, *The Essential Frankfurt School Reader: Urizen Books*. 1978.

[35] W. J. Mommsen and J. Osterhammel, *Max Weber and His Contemporaries*. London: Routledge, 2010.

[36] Y. Regev, Georg Simmel's Philosophy of Culture: Chronos, *The European Legacy*. 10. 6, 2005.

[37] 阿多诺.美学理论.王柯平译.成都:四川人民出版社,1998年。

[38] 安德森.西方马克思主义探讨.高铦等译.北京:人民出版社,1981年。

[39] 鲍曼.现代性与矛盾性.邵迎生译.北京:商务印书馆,2003年。

[40] 北川东子.齐美尔.赵玉婷译.石家庄:河北教育出版社,2002年。

[41] 波德莱尔.1846年的沙龙:波德莱尔美学论文选.郭宏安译.桂林:广西师范大学出版社,2002年。

[42] 狄塞.齐美尔的艺术哲学.薛云梅、薛华译.哲学译丛,

1987年。

[43] 弗里斯比.现代性的碎片.卢晖临等译.北京:商务印书馆,2003年。

[44] 格罗瑙.趣味社会学.向建华译.南京:南京大学出版社,2002年。

[45] 海默尔.日常生活与文化理论导论.王志宏译.北京:商务印书馆,2008年。

[46] 康德.判断力批判.邓晓芒译.北京:人民出版社,2002年。

[47] 卡西尔.人文科学的逻辑.沉晖等译.北京:中国人民大学出版社,2004年。

[48] 刘小枫.现代性社会理论绪论.上海:上海三联书店,1998年。

[49] 卢卡奇.理性的毁灭.王玖兴等译.济南:山东人民出版社,1997年。

[50] 卢卡奇.历史和阶级意识.杜章智译.北京:商务印书馆,1992年。

[51] 卢卡奇.卢卡奇早期文选.张亮等译.南京:南京大学出版社,2004年。

[52] 齐美尔.货币哲学.陈戎女等译.北京:华夏出版社,2002年。

[53] 齐美尔.金钱、性别、现代生活风格.顾仁明译.上海:学林

出版社,2000年。

[54] 齐美尔.历史哲学问题:认识论随笔.陈志夏译.上海:上海译文出版社,2006年。

[55] 齐美尔.桥与门.涯鸿等译.上海:上海三联书店,1991年。

[56] 齐美尔.社会是如何可能的.林荣远译.桂林:广西师范大学出版社,2002年。

[57] 齐美尔.社会学.林荣远译.北京:华夏出版社,2002年。

[58] 齐美尔.生命直观.刁承俊译.北京:生活·读书·新知三联书店,2003年。

[59] 齐美尔.时尚的哲学.费勇等译.北京:文化艺术出版社,2001年。

[60] 齐美尔.叔本华与尼采:一组演讲.莫光华译.上海:上海译文出版社,2006年。

[61] 齐美尔.现代人与宗教.曹卫东等译.北京:中国人民大学出版社,2003年。

[62] 齐美尔.哲学的主要问题.钱敏汝译.上海:上海译文出版社,2006年。

[63] 瑞泽尔.布莱克维尔社会理论家指南.凌琪等译.南京:江苏人民出版社,2009年。

[64] 桑巴特.现代资本主义.李季译.北京:商务印书馆,1958年。

[65] 舍勒.舍勒选集.孙周兴等译.上海:上海三联书店,1999年。

[66] 索珀.人道主义与反人道主义.廖申自等译.北京:华夏出版社,2011年。

[67] 特纳.社会理论指南.李康译.上海:上海人民出版社,2003年。

[68] 维泽.德国社会学简论.梅贻宝译.社会学界,1929年,第3期。

[69] 杨向荣.文化、现代性与审美救赎:齐美尔与法兰克福学派.北京:中国社会科学出版社,2017年。

[70] 杨向荣.现代性和距离:文化社会学视域中的齐美尔美学.北京:社会科学文献出版社,2009年。